Historia Europea

Una Guía Fascinante de la Historia de Europa, desde los Neandertales hasta el Imperio Romano y el Fin de la Guerra Fría

© **Derechos de autor 2020**

Todos los Derechos Reservados. Está prohibida la reproducción total o parcial de este libro sin la autorización por escrito del autor. Los críticos pueden citar pasajes breves en sus revisiones.

Aviso Legal: Está prohibida la reproducción total o parcial de este libro en cualquier forma y cualquier medio, mecánico o electrónico, incluyendo fotocopiado o grabaciones, o mediante cualquier otro dispositivo de almacenamiento y recuperación de información, o por correo electrónico sin la autorización por escrito del editor.

Si bien se han realizado todos los intentos para verificar la información proporcionada en esta publicación, el autor y el editor se deslindan de toda responsabilidad por errores, omisiones o interpretaciones contrarias del tema.

Este libro es sólo para fines de entretenimiento. Las opiniones expresadas pertenecen al autor y no deben tomarse como instrucciones u órdenes de expertos. El lector es responsable de sus propias acciones.

El cumplimiento de todas las leyes y regulaciones aplicables, incluidas las leyes internacionales, federales, estatales y locales que rigen las licencias profesionales, las prácticas comerciales, la publicidad y todos los demás aspectos de hacer negocios en los Estados Unidos, Canadá, el Reino Unido o cualquier otra jurisdicción, es responsabilidad exclusiva del comprador o lector.

El autor y el editor se deslindan de toda responsabilidad u obligación alguna en nombre del comprador o lector de este material. Cualquier percepción individual u organización es puramente involuntaria.

Contents

INTRODUCCIÓN 1
CAPÍTULO 1 - LA PREHISTORIA 3
CAPÍTULO 2 - LA REVOLUCIÓN NEOLÍTICA 6
CAPÍTULO 3 - LA EDAD DE BRONCE 11
CAPÍTULO 4 - LAS PRIMERAS TRIBUS DE EUROPA 16
CAPÍTULO 5 - LA EDAD DE HIERRO 20
CAPÍTULO 6 - LA GRAN BRETAÑA PREHISTÓRICA 25
CAPÍTULO 7 - LOS GRIEGOS CLÁSICOS 29
CAPÍTULO 8 - EL IMPERIO ROMANO 34
CAPÍTULO 9 - LOS VIKINGOS 39
CAPÍTULO 10 - LA EDAD MEDIA 44
CAPÍTULO 11 - EL SACRO IMPERIO ROMANO 49
CAPÍTULO 12 - EL ASCENSO DE WESSEX 53
CAPÍTULO 13 - LA CONQUISTA NORMANDA 57
CAPÍTULO 14 - MARCO POLO Y LA ITALIA RENACENTISTA 63
CAPÍTULO 15 - JUANA DE ARCO 68
CAPÍTULO 16 - ISABEL I DE CASTILLA 73
CAPÍTULO 17 - LA ERA DEL DESCUBRIMIENTO 78
CAPÍTULO 18 - LA REFORMA 83
CAPÍTULO 19 - LA ILUMINACIÓN 88
CAPÍTULO 20 - LA REVOLUCIÓN FRANCESA 92

CAPÍTULO 21 - LA ERA INDUSTRIAL 99
CAPÍTULO 22 - EL IMPERIO BRITÁNICO DE LA REINA VICTORIA 106
CAPÍTULO 23 - LA GRAN GUERRA 110
CAPÍTULO 24 - LA REVOLUCIÓN RUSA 115
CAPÍTULO 25 - SEGUNDA GUERRA MUNDIAL 120
CAPÍTULO 26 - LA ERA DE LA GUERRA FRÍA 127
EPÍLOGO 133

Introducción

Europa.

Un continente relativamente pequeño, pero aún uno de los más vitales en el escenario mundial. Desde los días de fabricación de herramientas de Neandertal y la cultura Cromañón, Europa ha sido el centro único para las comunidades humanas prósperas. Con un paisaje diverso, este rincón del mundo se convirtió en el hogar de comerciantes y marinos mediterráneos, los primeros agricultores de trigo, los herreros, los cazadores, los reyes y reinas, los fanáticos religiosos, las colinas, los castillos, el latín, la democracia, la literatura y el teatro, todo en el lapso de unos pocos miles de años. La civilización humana floreció en todas partes de Europa, tanto en los tramos fríos y húmedos de Escandinavia, como los acantilados rocosos de Grecia o las llanuras rusas.

La historia de la población en Europa es fascinante y comienza, como la mayoría, con cazadores, recolectores y pescadores que eventualmente explotan en un caleidoscopio de culturas, cada una con sus propios dioses, diosas, alimentos básicos y técnicas de construcción. Inicialmente aislados unos de otros, los europeos desarrollaron complejos sistemas sociales y relaciones entre ellos que finalmente los unicron a través del comercio y el matrimonio. Construyeron granjas, pueblos, ciudades e imperios enteros para proteger sus culturas y convertir a otros a sus formas de pensar, para que todo se derrumbara bajo la fuerza del siguiente líder.

El pasado de Europa se caracteriza por la lucha y la guerra, y está repleto de grandes obras de arte, filosofía, ciencia y tecnología. Incluso su historia más reciente es muy similar, es por eso que gran parte del mundo alguna vez estuvo gobernada por las monarquías europeas. A pesar de todas las luchas internas y las hazañas territoriales, los europeos han logrado crear algunas de las piezas de literatura, arquitectura, estructuras políticas e ideas más fascinantes que el mundo haya presenciado.

Capítulo 1 – La Prehistoria

A pesar de sus esqueletos pesados y puente frontal desarrollado, los neandertales probablemente eran poco diferentes de los humanos actuales. Algunos de los restos esqueléticos parecen ser de entierros deliberados, la primera evidencia de un comportamiento prudente entre los humanos.
(Enciclopedia Británica)

La prehistoria es el período de tiempo antes de cualquier historia escrita. Tenemos una idea de lo que sucedió gracias a los restos que han sido y continúan siendo estudiados y analizados.

Como es común en la historia humana, la historia de Europa comienza con los homínidos, los descendientes bípedos de los grandes simios que aprendieron a fabricar herramientas sencillas, vestirse con las pieles de los animales muertos e incluso cocinar sus comidas cazadas sobre las llamas calientes de un fuego controlado. Estos antepasados llegaron a Europa desde África a través del Medio Oriente hace aproximadamente 45.000 años.[1] En aquel entonces, había múltiples especies y culturas de la humanidad, incluyendo a los neandertales y cromañones, quienes establecieron sus hogares en toda Europa. Sin embargo, los neandertales fueron anteriores a los

---

[1] Ninan, M. M. El desarrollo del hinduismo. 2008.

cromañones, quienes en realidad habían evolucionado en Europa unos 350.000 años antes de haber visto a sus primos los cromañones.

A solo unos pocos miles de años de la aparición de los humanos actuales en Europa, la rama neandertal de la familia humana desapareció por completo. Nadie sabe exactamente por qué sucedió, pero existen dos teorías populares. El primero postula que el Homo sapiens se enfrentó violentamente con sus vecinos neandertales, matando y aniquilando a las poblaciones ofensivas de este último grupo. La segunda teoría sugiere que los neandertales y los cromañones simplemente se cruzaron hasta el punto de convertirse en una civilización y cultura en lugar de dos. Existe evidencia de ello en la existencia de ADN neandertal mezclado con el ADN de humanos cromañones, así como incluso de humanos modernos.

Cualquiera que sea el orden social temprano de las primeras personas de Europa, el cromañón surgió como la única especie que quedaba y lo demostró con valentía en el continente durante un período en que el clima era particularmente frío. La investigación de algunos arqueólogos ha sugerido que la estructura social de los Cromañones era particularmente ventajosa para los humanos en ese momento, ya que podían obtener acceso a recursos en un área más extensa gracias a la negociación y el intercambio comunitario.

Los únicos sobrevivientes humanos de esa desagradable ola de frío hace unos 40.000 años se envolvieron generosamente en pieles y pelajes y siguieron adelante. Aprendieron a vivir en pequeñas comunidades, viajando de un lugar a otro como cazadores-recolectores.[2] Nómadas por naturaleza, era la ambición diaria de estas personas buscar ciervos, peces, tubérculos, semillas, bellotas, remolachas y miel. Aunque su objetivo principal era la caza mayor o la comida de mar, los cazadores-recolectores de la Europa mesolítica no eran exigentes. Comían materia vegetal cuando y donde pudieran encontrarla, un hábito que no solo les proporcionaba las vitaminas y fibra necesarias, sino también los instrumentos de dientes

---

[2] Peregrine, P.N. y Ember, M. - Editores. Enciclopedia de la prehistoria. 2001.

razonablemente sanos.[3] Las semillas de hierba, las predecesoras de los cereales como el trigo, la avena y la cebada, se incluían con frecuencia en las comidas.

Sin embargo, a pesar de sus fuertes dientes y huesos, los cromañones solo vivían hasta los 30 o 40 años, si lograban sobrevivir a la infancia. En el transcurso de los siguientes 30.000 años, su número aumentó mínimamente, ya que era difícil administrar familias numerosas en un sistema nómada. Sin embargo, todo eso estaba a punto de cambiar, ya que el siguiente paso en la evolución humana estaba por llegar.

---

[3] Hansen, V. y Curtis, K. Voyages in World History - Third Edition. 2016.

Capítulo 2 - La Revolución Neolítica

La palabra agricultura, después de todo, no significa "agrociencia", y mucho menos "agronegocios". Significa "el cultivo de la tierra". Y el cultivo está en la raíz del sentido tanto de cultura como de culto. Las ideas de labranza y adoración se unen así en la cultura. Y todas estas palabras provienen de una raíz indoeuropea que significa "girar" y "habitar". Para vivir, para sobrevivir en la tierra, para cuidar el suelo y para adorar, todo está ligado a la idea de un ciclo.

(Wendell Berry, El Arte de lo Común)

La Revolución Neolítica también se puede denominar la Revolución Agrícola, ya que consistió en la transición de los cazadores-recolectores a un estilo de vida más establecido basado en la agricultura.

Los cazadores-recolectores de la Era de Piedra en Europa supieron durante siglos cómo funcionaban las semillas, pero nunca habían tenido ninguna motivación para comenzar a plantar jardines. Es difícil determinar qué convenció a los europeos prehistóricos de establecerse, construir hogares permanentes y comenzar a cultivar, pero el ADN y la investigación arqueológica sugieren que fue producto de la mezcla cultural.

La primera evidencia de la agricultura en Europa proviene de Grecia y Turquía, y todavía se puede encontrar en forma de terrazas agrícolas. Las terrazas son un método de agricultura que a menudo se emplea en paisajes rocosos y montañosos. En lugar de llanos y extensos campos, los primeros pueblos de este rincón al sudeste de Europa crearon una serie de escalones en laderas y montañas, separados y fortificados por cortos muros de piedra. Hace aproximadamente 8.500 años, las familias comenzaron a plantar granos y verduras de esta manera en el Mediterráneo.[4]

Estas son las primeras formas de agricultura que los arqueólogos han encontrado en Europa, pero se ha descubierto aún más información sobre el cambio cultural de la recolección a la agricultura oculta en el ADN de los europeos modernos. Los marcadores genéticos muestran que, en ese momento de la prehistoria, se introdujo un nuevo ADN en la población de Europa simultáneamente con los cultivos de cereales. Está claro que los pueblos cuya cultura ya incluía la metodología de la agricultura emigraron a Turquía y Grecia hace 8.500 años, estableciéndose allí y comenzando familias con la gente local.

Hasta donde la evidencia arqueológica nos puede decir, el período neolítico original comenzó en el Medio Oriente, en la tierra donde los ríos Éufrates y Tigris se encuentran en lo que ahora es Irak, pero que alguna vez fue la antigua Mesopotamia. Ambos ríos comienzan a menos de 50 kilómetros (31 millas) uno del otro en Turquía, lo que significa que la Revolución Agrícola podría haber seguido literalmente la extensión de estos ríos en Turquía, donde recorrió una corta distancia por tierra y mar para afianzarse en Grecia. A partir de ahí, se extendió hacia el noroeste por el resto de Europa.

El movimiento de la Revolución Neolítica fue determinado, pero lento. Los cazadores-recolectores tradicionales no estaban convencidos de que debían establecerse en un lugar y cambiar completamente su estilo de vida, a pesar de la popularidad de la

---

[4] Brennan, S y Withgott, J. Medio ambiente: la ciencia detrás de las historias. 2005.

agricultura a lo largo del Mediterráneo. Todo el continente europeo está compuesto por 9.938.000 kilómetros cuadrados (3.837.081 de millas cuadradas) y grandes diferencias climáticas.[5] *EL CLIMA templado del mediterráneo puede que fuera propicio para la agricultura de los griegos y los turcos, pero los métodos importados de mesopotamia no habrían tenido éxito en el frío y seco clima del norte.*

La agricultura todavía era en gran medida una tecnología nueva, y tardó varios miles de años en adaptarse a diferentes regiones. Uno de los desarrollos más importantes para prosperar junto con la agricultura fue el de la cría de animales, mediante el cual las personas aprendieron a domesticar y mantener pequeños rebaños de animales en lugar de cazar. Las cabras, ovejas, cerdos y vacas resultaron ser los más fáciles de domesticar y, por lo tanto, se convirtieron en los alimentos básicos para la mayoría de los agricultores europeos. Con la capacidad de mantener el ganado al alcance, los beneficios de un estilo de vida sedentario se hicieron evidentes para las familias y comunidades pequeñas del oeste y del norte.

El trigo, la cebada, las lentejas, los guisantes y los frijoles demostraron ser los cultivos más fiables, lo que manifiesta su uso desde grecia hasta las islas británicas hace aproximadamente 5.000 años.[6] como estas semillas se dispersaron por todo el continente, también lo fueron los animales domésticos. A medida que los humanos se hicieron más conocedores de su ganado, comenzaron a usarlo para la leche y la carne. La primera evidencia para la fabricación de queso, un pilar discutible de la cultura europea moderna, proviene de hace aproximadamente 7.000 años en polonia. En un sitio neolítico en kujawy, los arqueólogos han encontrado cuencos de cerámica de arcilla hechos con perforaciones, posiblemente para colar la cuajada del suero. La cerámica se probó en un laboratorio y resultó positiva para las grasas de la leche.

---

[5] "Europa". Atlas mundial. Web.

[6] Sage Reference. "La Enciclopedia SAGE de Economía y Sociedad". Web.

Las granjas y la cría de animales eran sistemas económicos delicados que dependían fundamentalmente de la fertilidad de cada región y paisaje. La difusión de tal tecnología en europa inicialmente dependía de un clima templado y de tierras adyacentes a los ríos ricas en minerales que podían alimentar variedades de plantas seleccionadas. Mientras que la humanidad experimentaba con técnicas de cultivo, las cepas de plantas evolucionaban rápidamente debido a la selección humana y las condiciones cambiantes de crecimiento. La escaña y el mijo de mesopotamia se convirtieron en granos de cereal más voluminosos con un raquis más fuerte, que es la parte de la planta que conecta la semilla con el tallo.

Dadas todas las posibles complicaciones, la agricultura no era una opción viable para muchas familias en la europa neolítica. Durante varios miles de años, cazadores-recolectores, granjeros y pastores (propietarios de ovejas o ganado) vivieron como vecinos en todo el continente, interactuando e incluso casándose. A medida que las técnicas agrícolas se volvieron más precisas y localizadas, los asentamientos hogareños se volvieron más característicos del reino y más atractivos para las personas cuyos medios de vida les obligaban a caminar grandes distancias para alimentarse. A medida que las granjas de los agricultores comenzaron a colmar el paisaje con mayor fuerza, finalmente vencieron por completo la resistente cultura de cazadores-recolectores.

Lo que vino después fue un auge demográfico sin precedentes seguido de un colapso demográfico.[7] el exceso de alimentos disponible mediante métodos de cultivo intensivo hizo posible que las familias crecieran más que nunca. Las pruebas científicas de las poblaciones neolíticas en europa muestran que las tasas de fertilidad de las familias de agricultores también aumentaron. Ambos factores explican el aumento de la población durante la era neolítica, pero también pueden explicar la colisión posterior. Una vez que se violara

---

[7] Bodley, J.H. *Antropología y problemas humanos contemporáneos - Quinta edición.* 2008.

la capacidad de carga de europa, es decir, la producción potencial de alimentos de la tierra fuera superada por el número humano, parece que la escasez y la enfermedad se apoderaría de esos pueblos prehistóricos hasta que se pudo lograr un equilibrio nuevamente.

Alrededor de 3000 a.c., los pueblos europeos estaban suficientemente asentados. Siendo una cultura agrícola más sólida en ese momento, comenzaron a construir aldeas, edificios públicos y templos religiosos que prevalecerían durante milenios.[8] *en poblaciones dispersas de europeos prehistóricos que recuperaron su fuerza, aparecieron por primera vez los primeros vestigios de lo que podríamos reconocer como la cultura europea.*

---

[8] Milisauskas, S. Editor. *Prehistoria europea - Una encuesta - 2ª edición*. 2011.

Capítulo 3 - La Edad de Bronce

Repentina y decisivamente, las impresionantes tumbas megalíticas de Europa occidental se establecieron antes que cualquier monumento comparable en cualquier lugar que se les acerque en la antigüedad.
(Colin Renfrew, Antes de la Civilización)

Con la revolución neolítica firmemente en marcha, comenzó la Edad de Bronce. Esto ocurrió cuando las personas aprendieron a fundir cobre y estaño en bronce, un metal nuevo y muy fuerte. El bronce podía complementar una multitud de roles que anteriormente se elaboraban con estaño, huesos, madera o rocas. Fue un cambio de juego para las comunidades de principios de Europa, y tenía el potencial de revolucionar la agricultura, la preparación de alimentos, las armas y la guerra.

La nueva tecnología se extendió fácilmente. El mar Mediterráneo fue una fuente de vasta inspiración cultural gracias a su proximidad al norte de África, Europa y Asia occidental. Los pueblos marineros de Egipto, Marruecos, Turquía, Grecia e Italia construyeron canoas y luego galeras, que eran capaces de realizar viajes de larga distancia a través del mar. Se encontraron en sus capitales urbanas y ciudades portuarias de Pireo, Heraclio y Pafos para intercambiar cobre, estaño, granos, verduras, pescado, cerámica y recipientes de piedra. Los griegos ya tenían cobre, pero necesitaban suministros de estaño para crear la nueva aleación y, por lo tanto, su relación con otros miembros del Mediterráneo era más importante que nunca.

A diferencia de las aldeas agrícolas de Europa occidental y septentrional, donde cada una solo albergaba a 100 personas como máximo, muchas ciudades del inicio de Grecia albergaban hasta 2.000 personas.[9,10] Estas eran ciudades fortificadas, rodeadas de fuertes muros de piedra para mantener alejados a los enemigos potenciales desde dentro y fuera de Grecia.[11] Incluso cuando las herramientas de bronce y las piezas decorativas se apoderaron de la antigua tierra de Hellas (el primer nombre de Grecia), la piedra siguió siendo increíblemente importante para su civilización. Los muros de piedra frenaban a las tribus conquistadoras violentas y proporcionaban hogares para las familias, y se usaba para fabricar herramientas.

Los antiguos griegos de la Edad de Bronce habían vivido en grandes comunidades el tiempo suficiente para saber que los extraños representaban una amenaza constante para su seguridad y sus valiosos bienes. Con esa mentalidad, los trabajadores metalúrgicos forjaron fuertes lanzas, cuchillos, escudos sólidos, cascos y placas de cofre para proteger a los soldados encargados de mantener sus ciudades seguras. El armamento y los elementos defensivos también fueron útiles cuando los líderes de la ciudad se encontraron en disputas de tierras con jefes y terratenientes cercanos.

En la cercana isla de Creta, el pueblo minoico era el responsable de la mayor parte de la tecnología marítima y las rutas comerciales de ese rincón de Europa y Asia occidental. Florecieron durante la Edad de Bronce gracias a su posición crucial en la intersección marina de pueblos diferentes. En su apogeo cultural, los minoicos construyeron palacios de cuatro pisos de altura, instalaron complejos sistemas de plomería y crearon su propio lenguaje escrito. Podrían haber llevado

---

[9] Audouze, Francoise y Olivier Büchsenschütz. *Ciudad, pueblos y campo de la Europa celta.* 1992.

[10] Bintliff, J. *La arqueología completa de Grecia.* 2012.

[11] Bintliff, J. *La arqueología completa de Grecia.* 2012.

al mundo a la Era de la Antigüedad Clásica si no hubiera sido por la erupción de Santorini en 1500 a.C. aproximadamente.[12] El daño, la muerte y la devastación que siguió a la erupción resultaron imposibles de superar, y los minoicos desaparecieron del registro arqueológico. Sin embargo, su ADN todavía está presente en los datos genéticos obtenidos de los griegos modernos.[13]

Para este momento, Gran Bretaña, Francia y Alemania se pusieron a trabajar forjando herramientas agrícolas de bronce con las cuales arar y sembrar el suelo de manera más efectiva. La invención del arado tuvo un impacto significativo y muy positivo en la agricultura europea, y fue gracias al metal nuevo, fuerte y duradero que esos dispositivos antiguos y simplistas hicieron el trabajo que se les exigían. Ahora, con hachas pesadas y cuchillas afiladas, limpiar la tierra de sus bosques se volvió menos agotador y pesado. No solo se podían limpiar los campos más rápido, sino que ahora se podían conservar mejor. Irrumpir en la capa superior del suelo y airearlo, un proceso necesario para preparar el suelo para las semillas, fue mucho menos laborioso con un arado de bronce a mano. Con estos avances, el rendimiento de los cultivos aumentó.

La agricultura comenzó a remodelar completamente la faz de la tierra. Los bosques fueron talados y reemplazados con franjas distintas de cultivos estacionales. En las regiones donde el suelo estaba cubierto por una capa de esquisto o tiza, estas formaciones rocosas fueron raspadas minuciosamente del suelo y llevadas a montículos pesados y largos que sirvieron como límites de propiedad. Sus centros urbanos permanecieron relativamente reducidos en comparación con los de Grecia, pero las ciudades comenzaron a formar el paisaje y a expandirse en el campo.

En Gran Bretaña, la cultura del Vaso Campaniforme apareció alrededor de 2500 a.C. entre la afluencia de la migración de Europa

---

[12] Universidad de Rhode Island. "Erupción de Santorini mucho más grande de lo que se creía originalmente".2006.

[13] Sciscape "Los griegos modernos son los descendientes de los antiguos micénicos" 2018. Web.

occidental.[14] La cultura del vaso campaniforme, para abreviar, es un nombre arqueológico para las personas que usaron la cerámica de estilo tinajas. Estos vasos eran más anchos en la parte superior, lo opuesto a las ollas estilo jarra que tienen la parte inferior amplia y pequeñas aberturas en la parte superior. Estos tipos de cerámica a menudo se encontraban en tumbas, que es donde se ha recopilado gran parte de la información arqueológica de la época.

Durante esta época, las comunidades de personas enterraban a sus seres queridos fallecidos en la tierra individualmente, a menudo colocando pequeños artículos junto al cuerpo. Estos artículos incluían cuchillas de sílex, ollas de gachas y la cerámica de estilo de vaso campaniformes. Las tumbas de los individuos estaban marcadas por montículos de tierra, estructuras de madera o rocas. Este último llegó a definir a las personas de la Edad de Bronce de Gran Bretaña y Europa occidental en las mentes de los historiadores tanto como los vasos campaniformes que usaron los definieron para los arqueólogos.

Estructuras de piedra gigantes aparecieron durante este tiempo en Gran Bretaña. Las piedras fueron extraídas de una variedad de lugares, incluidos los modernos Gales y Marlborough Downs, que probablemente proporcionaron las piedras gigantes necesarias para crear lo que podría ser el megalito más famoso de todos, Stonehenge.[15] Los detalles detrás de la construcción de Stonehenge se han perdido a lo largo de los siglos, pero la estructura aún se conserva para conmemorar la civilización que la construyó, y no es la única estructura que se remonta a la Edad de Bronce. No muy lejos, en el pueblo de Avebury, docenas de piedras masivas marcan el antiguo camino hacia la comunidad, rodeando un centro comunitario prehistórico tachonado de aún más piedras. En el círculo más alejado, una colina forma el límite exterior de la ciudad.

Los cercos de piedra y madera fueron construidos en Irlanda, Gran Bretaña, Francia, Gales y Escocia por una cultura generalizada

---

[14] Cummings, V. El neolítico de Gran Bretaña e Irlanda. 2017.
[15] Streiffert, A. - Editor. Los lugares imperdibles del mundo. 2005.

que probablemente los usó como templos religiosos y posiblemente incluso calendarios astronómicos. Aunque las personas que construyeron estas asombrosas estructuras no parecen haber tenido un sistema de escritura que usar en el registro histórico, han permanecido para denotar un sentido de comunidad, familia, jerarquía y espiritualidad creciente. En su apogeo, la cultura del vaso campaniforme se extendió desde Portugal hasta Polonia, y la investigación del ADN muestra que casi completamente superaron las culturas anteriores de las islas británicas.

Si bien los megalitos, la cerámica estilizada y las tumbas masivas caracterizaron la Edad de Bronce europea, el aumento de la población y la diversificación generalizada personificarían la próxima fase de la evolución cultural del continente. El lenguaje, la organización política y la urbanización estaban a punto de volverse muy importantes.

Capítulo 4 – Las Primeras Tribus de Europa

Para llegar a la cámara más alejada de Lascaux, es probable que el hombre tuviera que apagar su luz, bajar por un pozo con una cuerda hecha de fibras trenzadas y luego volver a encender su lámpara en la oscuridad para dibujar allí el rinoceronte lanudo, la mitad del caballo y el furioso bisonte.

(Jane Brox, Brillante: La evolución de la Luz Artificial)

Cuantas más personas habitaban Europa, más estrategias sociales entraban en juego. Era necesario que las diversas comunidades de granjeros, comerciantes, pescadores, artesanos y reyes tribales emergentes se entendieran entre sí, por lo que en este punto se utilizaba el lenguaje proto-celta en las partes norte y este de Europa. Las lenguas helénicas (pre-griegas) gobernaron en el sur, mientras que la lengua del vaso campaniforme (lo que sea que haya sido) dominó el oeste. Si bien es casi seguro que existían docenas de idiomas especializados localizados junto a estos, fueron los idiomas comunales los que se extendieron por grandes regiones del continente.

Determinar cuáles culturas fueron las más influyentes en ese momento es una simple cuestión de seguir los patrones lingüísticos. A lo largo del Mediterráneo, el lenguaje conocido por los investigadores como Lineal B reemplazó al lenguaje perdido de Creta, Lineal A.[16] Este idioma precedió ligeramente al griego antiguo y ha sido descifrado como su antepasado inmediato. Las tabletas de arcilla que usan el idioma se han recuperado en todo el sur de Grecia y las islas cercanas del Mediterráneo.

En cuanto a la gente del vaso, la falta de registros escritos significa que su parte en el árbol de idiomas de Europa no se puede precisar con certeza. Sin embargo, la investigación lingüística y arqueológica que conecta a diversas comunidades de vasos campaniformes ha sido interpretada por muchos expertos para sugerir que esos antiguos hablaban una forma de indoeuropeo, posiblemente el antecesor del idioma alemán.

Estos hallazgos pintan una imagen de la Edad de Bronce y la Edad de Hierro temprana en Europa, dominada por proto-celtas, griegos y los cubiletes. Estas tres culturas probablemente tenían algunos conocimientos básicos y habilidades con los idiomas de las otras, lo que era necesario para disputas de tierras, matrimonios y contratos entre tribus y, por supuesto, el comercio.[17] La gente de Hellas se centró principalmente en la socialización con otros miembros del mar Mediterráneo, compartiendo bienes, lazos familiares y conexiones políticas con personas en Egipto y Turquía. La de ellos fue una vida notablemente diferente de sus contrapartes occidentales y septentrionales en Europa, y esto probablemente se debió a la relativa proximidad de Grecia a Mesopotamia.

A Mesopotamia se le atribuye la creación de las primeras ciudades, sistemas de escritura, granjas y estructuras políticas a gran escala de la humanidad. Aunque la llamada Cuna de la Civilización estaba a casi 3.000 kilómetros (1.865 millas) de Grecia, los primeros tracios del norte de Hellas se habían extendido hacia el este durante siglos, acortando considerablemente la distancia entre los dos grupos de personas.

---

[16] Pullar, A. Polvo de dioses 2018.

[17] Anthony, D. El caballo, la rueda y el lenguaje. 2007.

Los tracios y los griegos podían hablar sus propios idiomas en la ciudad de Bizancio (ahora Estambul en Turquía), hace aproximadamente 3.000 años.[18] Por lo tanto, los comerciantes y exploradores de Mesopotamia se interesaron en visitar la ciudad greco-tracia y probablemente hicieron visitas regulares, llevando granos, aceite, tela y las ideas de una nueva forma de vida.

Por supuesto, las reuniones entre las diversas culturas de la Edad de Bronce en Europa no siempre fueron pacíficas. La definición misma de ese período surgió gracias a una gran variedad de armamento de bronce que se encuentra en sitios arqueológicos en todo el continente. Uno de esos sitios en el campo de batalla del valle de Tollense en Alemania reveló muchos secretos sobre el estado de la guerra hace unos 3.250 años.[19] 130 cuerpos de hombres entre las edades de 20 y 40 fueron desenterrados allí, mostrando heridas fatales de flechas, lanzas y espadas. Se estima que la cantidad de hombres que lucharon es de aproximadamente 2.000, más una gran cantidad de caballos.[20]

La domesticación del caballo ocurrió alrededor del año 3000 a.C., y se convirtió en una herramienta para viajes de larga distancia, así como para la guerra a gran escala.[21] El análisis de laboratorio de los huesos y dientes de los caballos y guerreros asesinados del emplazamiento del Valle Tollense revela que existían dos grupos distintos de personas involucradas en la batalla: los lugareños y un grupo tan alejado como la República Checa. Los recién llegados pudieron haber sido combatientes mercenarios contratados e importados por otro jefe local con la intención de tomar el control de

---

[18] Ricks, D. y Magdalino, P. Bizancio y la identidad griega. 2018.

[19] Horn, C. y Kristiansen, K. - Editores. Guerra en la Sociedad de la Edad de Bronce. 2018.

[20] Price, T. Douglas y col. "Proveniencia de isótopos múltiples de restos humanos de un campo de batalla de la Edad de Bronce en el valle de Tollense en el noreste de Alemania". Springer-Verlag GmbH Alemania. 2017.

[21] Milisauskas, S. Editor. Prehistoria Europea - Una encuesta. 2002.

lo que parece haber sido un área poblada. La guerra mercenaria fue común durante esta era y las posteriores.

Las disputas por la tierra fueron probablemente la principal fuente de violencia entre los lugareños y las comunidades distantes, ya que la población en aumento condujo a encuentros más frecuentes entre los pueblos establecidos. Comenzó a aparecer una mayor diversificación entre culturas al final de la Edad de Bronce. Esto se ha determinado arqueológicamente en las diferentes formas en que las sociedades lidian con sus muertos.

Por ejemplo, un grupo de personas quemaba ritualmente los cuerpos de sus muertos y los enterraba en urnas. Conocidos como el pueblo de Urnfield, utilizaban herramientas especializadas, como hachas de zócalo y hachas de palta de plomo.[22] El pueblo de Urnfield pronto se convertiría en la cultura Hallstatt, caracterizada por cementerios y un supuesto alto nivel de vida para ese período de tiempo.

El final de la Edad de Bronce también observó la transformación de Wessex en la Inglaterra actual. La gente adoptó el pastoralismo con entusiasmo, talando gran parte del bosque natural para acomodar a sus rebaños de ovejas, cerdos y ganado. Los abundantes recursos de estaño en la parte sur de la isla tenían una gran demanda en toda Europa, lo que entrañaba una fuente regular de ingresos, comercio y colonos para los antiguos británicos. La riqueza recolectada de las minas fue dirigida tanto a los jefes locales como a los comerciantes, quienes la usaron para desarrollar aún más los centros urbanos. Las ciudades de Europa occidental seguían siendo relativamente pequeñas en comparación con las de Grecia y Turquía occidental, pero la guerra se estaba convirtiendo en una forma de vida para los europeos en todas las regiones del continente. Definiría gran parte del futuro a corto y largo plazo del reino.

---

[22] Boughton, Dot. "Los primeros ejes de la Edad de Hierro en Gran Bretaña". Julio de 2015. Extraido de Academia.edu.

Capítulo 5 - La Edad de Hierro

Reteniéndonos entre la repulsión y el respeto, el terror y la consideración, parece que todavía estamos afectados por estas hojas abatidas. Al igual que la máscara de la gorgona, los cráneos no pertenecen ni a este mundo ni al siguiente, sino a esa interfaz vacilante, ese reino intermediario entre el ser y el no ser, los vivos y los muertos. Las figuras del umbral, controlan el paso.
 (Gustaf Sobin, Escombros Luminosos)

Fue alrededor del año 1200 a.C. cuando otra tecnología revolucionaria llegó a Europa, comenzando en el extremo oriental del continente.[23] Fue allí donde los trabajadores metalúrgicos experimentados y aventureros descubrieron cómo elaborar un material nuevo aún más fuerte que el bronce. Utilizando el mineral de hierro recolectado por los mineros, estos artesanos descubrieron que, al quemar el mineral a temperaturas extremadamente altas, podían eliminar las impurezas del mineral y purificar el hierro líquido. Era el amanecer de la Edad de Hierro.

La formación de hierro no fue tan simple como la elaboración de aleaciones de cobre y estaño. Se requerían grupos de metalúrgicos para construir un horno de arcilla gruesa y mantenerlo abastecido de

---

[23] Milisauskas, S. Prehistoria Europea - Una encuesta. 2002.

carbón durante varias horas. Si se construye y alimenta adecuadamente, el fuego dentro de esos hornos podría alcanzar los 1.300 grados Celsius (2.372 Fahrenheit), una temperatura lo suficientemente alta como para romper el mineral de hierro y comenzar a descomponerlo. Cuando el mineral de hierro se sobrecalienta, las impurezas se expulsan del metal emergente y se queman. Lo que quedaba era hierro y carbono, que comenzaban a salir de un grifo en el fondo del horno. Después de varias rondas de procesamiento, finalmente el carbón y otras impurezas se quemaban y martillaban, dejando grandes esferas de hierro al rojo vivo. El material de desecho, llamado escoria, se dejaba en cúmulos fundidos y cenizos.

El hierro en sí mismo fue un esfuerzo impredecible para las personas prehistóricas que experimentaron con la metalurgia. Los mejores resultados a menudo no fueron lamentablemente más resistentes que el bronce, y ciertamente era más difícil de procesar. La ventaja para los antiguos era que el mineral de hierro estaba ampliamente disponible en toda Europa, y no era necesario mezclarlo con otro tipo de metal para crear un material viable. No cabe duda de que los artesanos del principio de la Edad de Hierro estaban confundidos acerca del producto irregular que fluía de sus hornos de fundición de hierro. Dependiendo de la cantidad de carbono restante dentro del hierro fundido, el metal resultante podría ser frágil o increíblemente fuerte. Desafortunadamente, había poco que esos metalúrgicos pudieran hacer para identificar las piezas superiores de mineral.

Los habitantes de Hallstatt, predominantemente agrícolas, fueron algunos de los primeros en adoptar la nueva tecnología del hierro, a pesar de que estaba lejos de ser perfecta. Al principio, usaban casi exclusivamente hierro para fabricar espadas mientras mantenían sus capacidades de bronce para dagas y otros tipos de espadas.[24] Irónicamente, durante la mayor parte de la Edad de Hierro, el bronce

---

[24] Clark, G. *Prehistoria mundial: un nuevo esquema.* 1969.

continuó siendo el metal más importante disponible para los europeos, que utilizaron el material para armas y una variedad de herramientas agrícolas. La plata y el oro eran extraídos junto con el estaño, el cobre y el mineral de hierro, pero dada su extrema flexibilidad y relativa debilidad, estos solo se usaban de forma decorativa. Por supuesto, la existencia misma de estatuas decorativas, herramientas adornadas, armamento y joyas denota el surgimiento de la clase rica. También puede mostrar la existencia de una jerarquía emergente, sobre la cual residía la autoridad de los jefes gobernantes.

Los miembros de élite de la cultura Hallstatt tendían a vivir en lo que ahora es el este de Francia y el sur de Alemania. Existen dos tipos de lugares de sepultura de élite ubicados en esta región: los de guerreros y los de líderes políticos. Los primeros se sepultaban con armadura de bronce y los segundos con carruajes pesados. Al norte de los Alpes, los poderosos líderes locales luchaban por llegar a la cima del sistema político, gracias al empleo de ejércitos mercenarios contratados de otras partes del continente. Estos líderes construyeron la ciudad portuaria de Marsella desde la cual sus marinos y comerciantes podían llegar con más facilidad a los puertos griegos, como el Pireo.

Al comerciar directamente con Grecia, la gente de Hallstatt logró crear una gran cantidad de riqueza al revender bienes a la gente del oeste. Los productos griegos eran muy populares por dos razones principales: los griegos estaban más avanzados que el resto de Europa y, por lo tanto, vanguardistas, sus recursos mediterráneos eran muy variados y satisfacían tanto los deseos básicos como los de lujo. A medida que la vida normal se saturaba de lujo, también lo hacían las tumbas de la gente de Hallstatt. Las cámaras funerarias, generalmente construidas en pequeñas cámaras subterráneas ocultas y cubiertas por montículos de tierra, contenían más y más artículos en el transcurso del siguiente milenio.

Las tradiciones culturales se transformaron por la afluencia de inmigrantes, bienes mediterráneos y la estratificación de la civilización europea. La gente ahora tenía la riqueza y la perspectiva mundana para crear sus propias organizaciones espirituales como un medio para explicar la existencia. La espiritualidad y la religión se convirtieron en una característica central de la cultura colectiva, con docenas de diferentes interpretaciones del universo que se extendieron por todo el continente. El pueblo Hallstatt y otros pueblos proto-celtas desarrollaron una fijación en los cráneos y cabezas de sus amigos y familiares perdidos, así como en los de sus enemigos asesinados.[25] No era inusual que sus cazadores-recolectores y sus primeros antepasados de la agricultura recolectaran cráneos, pero la fijación se agudizó a medida que la gente de Hallstatt se aproximaba al final de la Edad de Hierro, durante este período, los arqueólogos plantean la hipótesis de que los cráneos fueron venerados como símbolos de poder personal. Fue en ese momento cuando comenzaron a distinguirse entre los arqueólogos como celtas pre-modernos.

La violencia como forma de vida tuvo un efecto considerable en la gente de la Edad de Hierro en Europa, y de ninguna manera es más evidente arqueológicamente que en las colecciones de cráneos y cabezas embalsamadas de los celtas. El "Culto de los Cráneos", como se suele llamar a estas personas que coleccionaban cabezas, fue tan poderoso en términos de guerra e influencia cultural que sus costumbres fueron adoptadas por los europeos mediterráneos al oeste de Grecia y sus islas jónicas.[26] Parece que la violencia, siendo el medio principal para obtener tierras y bienes, así como para impartir cultura a los vecinos, llegó a ser glorificada y adorada.

Quizás la imagen más perdurable de la Edad de Hierro de Europa es el uso de una espada de hierro para separar la cabeza de un enemigo celta de su cuerpo. Las cabezas eran ungidas con aceite o arcilla húmeda y colocadas en altares dentro de templos públicos, presumiblemente como una muestra de superioridad y poder. Si bien

---

[25] Nikolova, Lolita; Merlini, Marco y Alexandra Comsa. Ambiente y patrón de la cultura póntica occidental: en memoria de Eugen Comsa. 2016.

[26] Sobin, G. Escombros luminosos. 1999.

las cabezas cortadas de los enemigos celtas, que probablemente incluían a muchos celtas, a menudo se embalsamaban y se mostraban, también parece que eran las cabezas de los seres queridos perdidos. Ambos tipos de calaveras parecen haber tenido una importancia espiritual y emocional para las personas más dominantes de la Edad de Hierro. En mil años, se encontraron ejemplos del Culto de los Cráneos desde las islas británicas hasta el mar Báltico.

Aunque los adoradores de los cráneos estaban directamente relacionados con la guerra de carruajes, también se fundaron en una civilización de la agricultura. Las técnicas superiores de fundición de hierro no solo condujeron a la fabricación de espadas de hierro para la guerra, sino también arados de hierro pesados y afilados. Los granjeros mantenían sus campos aireados y sembrados a plena capacidad, conscientes de que, gracias a que sus cultivos y ganado alimentaban a los jefes, reyes y ejércitos, mantenían alejados a los enemigos. Mientras que las familias de agricultores trabajaban arduamente para proporcionar alimentos para ellos y sus protectores, las paredes de cráneos en crecimiento les recordaban lo que estaba en juego.

Capítulo 6 – La Gran Bretaña Prehistórica

La Edad de Hierro fue una era de intenso desarrollo en Wessex, un pequeño reino en la región centro-sur de Inglaterra. Se estima que alrededor de tres o cuatro millones de personas vivían en toda Gran Bretaña a finales de la Edad de Hierro,[27] alrededor del año 400 a.C., y la mayoría de ellas se concentraron en el centro agrícola y cultural de Wessex. Fuertes de colinas, cámaras funerarias, colinas conmemorativas y setos de madera y piedra fueron las obras de construcción más comunes de estas personas, y muchas de ellas aún hoy en día permanecen intactas.

Para vigilar al enemigo y protegerse, los reyes de principios de Gran Bretaña construyeron sus hogares en las colinas. Si la colina no fuera lo suficientemente alta o difícil de atravesar, tendrían una zanja circular excavada alrededor de la base fortificada por una pared de tierra que la rodeaba. En las estaciones húmedas, las zanjas se inundarían y ensuciarían, haciendo imposible un rápido ataque enemigo. Hillforts adornaba el paisaje como evidencia de la constante paranoia y vigilancia de los reyes.

---

[27] Oosthuizen, S. Tradición y transformación en la Inglaterra anglosajona. 2013.

La cultura y el idioma celta encontraron un hogar permanente en las islas británicas y llegaron a definir esa región de Europa a pesar del hecho de que docenas de otras tribus vivían entre ellas. Su idioma fue compartido por personas que habitaban en las pequeñas islas que rodean el continente británico y, en última instancia, demostraron resistencia contra una mayor asimilación cultural. Los celtas dependían principalmente de sus cultivos de cereales de trigo, cebada y espelta, que se complementaban con verduras y, en menor medida, leche, queso y carne. Su gusto por la carne tampoco se limitaba a una o dos opciones, ya que comían pollo, ovejas, huevos, cerdos, vacas, cabras, perros y peces. Sin embargo, en su mayor parte, los granos y vegetales llenaban los estómagos de los celtas y sus tribus vecinas en forma de pan y guisos.

En los siglos V y IV a.C., los celtas y la cultura Hallstatt se habían convertido en la cultura de La Tène de la Edad del Hierro tardía, que logró influir en las personas de todo el continente, desde Irlanda hasta Italia.[28] El registro arqueológico muestra evidencia de un estilo completamente nuevo de artesanía artística que era muy buscado. Estos artículos decorativos, adornados con oro, plata y bronce, eran excepcionalmente forjados y, a menudo, bastante delicados. Los collares grandes y fijos eran particularmente populares, y estaban hechos de metales que habían sido estampados con pequeños y simétricos patrones. Las decoraciones doradas para los zapatos eran aún más finas y delicadas, al igual que la miríada de tapices de bronce y adornos de altar diseñados para decorar los espacios alrededor de los huecos de los altares en los que se exhibían las calaveras.

La guerra era frecuente entre los diversos británicos, pero las ansiedades políticas se calmaron un poco al final de la Edad de Hierro, reduciendo el número de fortificaciones. Las que permanecieron en uso, se agregaron fortificaciones como fosos, zanjas, colinas rodeadas y muros de piedra. La civilización dentro de los muros se centró en políticas fronterizas entre tribus y tácticas

---

[28] Montaña, H. La Enciclopedia Celta - Volumen 1. 1997.

militares rápidas y defensivas. Fuera de los muros, los granjeros y cazadores perfeccionaron sus habilidades excepcionales. Durante ese período, los granjeros británicos fueron famosos en lugares tan lejanos como Grecia por sus inmensas cosechas de trigo y sus perros de caza entrenados. Se intercambiaron ambos con otros pueblos cercanos y lejanos, al igual que los esclavos británicos.

Estos esclavos eran jóvenes británicos, vendidos por sus propias familias después de haber caído en tiempos difíciles. Los esclavos eran vendidos como niños a terratenientes ricos o eran capturados durante la guerra entre tribus. Los esclavos tampoco eran un bien inusual, un solo noble o pequeño rey podría llegar a estar bajo el control de miles de ellos. Hasta el diez por ciento de la población total de Gran Bretaña estaba esclavizada, aunque existe muy poca documentación o evidencia arqueológica para esclarecer sobre los deberes diarios de esos hombres, mujeres y niños.[29] Dadas las realidades económicas de la época, parece probable que se usaran como agricultores, así como en la servidumbre doméstica.

Al igual que sus parientes continentales, los británicos de la Edad de Hierro habían cultivado un estilo de vida rico en significado espiritual y religioso.[30] Parecen haber atribuido la divinidad femenina y masculina a una variedad de objetos, incluidos los pozos de agua y el cielo, que se consideraron femeninos y masculinos, respectivamente. Las tribus y sus comunidades en toda la antigua Gran Bretaña dejaron una gran cantidad de evidencia arqueológica, no solo mostrando su habilidad en la artesanía, sino como un registro de las cosas que sus sacerdotes druidas solían sacrificar a sus dioses. Muchos de estos sacrificios han sido recuperados en pantanos, tanto en Gran Bretaña como en Europa occidental.[31]

---

[29] Davis, David Brion. *El problema de la esclavitud en la cultura occidental.* 1970.

[30] Ritari, K. and Bergholm, A. – Editors. *Comprensión de la religión celta: revisitando el pasado pagano.* 2013.

[31] Insoll, T. – Editor. *El Manual de Oxford de la Arqueología del Ritual y la Religión.* 2011.

Un pantano, un área húmeda concentrada demasiado densa como para nadar en ella, pero demasiado acuosa para pararse, se consideraba el lugar ideal para las ceremonias religiosas que implicaban un sacrificio. Docenas de estos sitios han sido utilizados en Gran Bretaña durante mil años, y dentro de sus profundidades residen armamento, animales asesinados, joyas e incluso sacrificios humanos. Es posible que las personas que hacen sacrificios de caballos, perros, personas y metalistería conozcan el secreto del pantano: que lo que entra permanecerá preservado durante milenios. La combinación de temperaturas frías y la falta de oxígeno dentro del agua turbia y ácida mantienen los sacrificios de animales y artefactos que la gente de la Edad de Hierro de Gran Bretaña colocó en sus profundidades en condiciones alarmantemente prístinas. Los llamados "cuerpos pantanosos" a finales de la Edad de Bronce y la Edad de Hierro están, en muchos casos, todavía allí, momificados con la piel y los órganos intactos.

Las personas en los pantanos generalmente eran asesinadas con cuchillos, golpes o dispositivos estranguladores, y algunos tenían sus cabezas y cuerpos separados antes de ser arrojados al fango. Los arqueólogos afirman que las víctimas del pantano eran probablemente una mezcla de esclavos, considerados prescindibles por sus amos, y los delincuentes declarados culpables de crímenes terribles. Estas personas son casi todo lo que queda de la cultura druida en términos de cuerpos humanos, ya que la mayoría de los británicos preferían incinerar a sus muertos. Aquellos que enterraban a sus muertos en el suelo en ese momento a menudo lo hacían solo después de quitar la carne, dejando así solo esqueletos y ningún material para estudiar.

Los investigadores contemporáneos, como los griegos, escribieron que la religión druida les enseñó a los británicos la inmortalidad del alma. El druidismo también enseñó que después de la muerte, el alma se movía a un nuevo cuerpo para nacer de nuevo. Era un sistema de creencias que reflejaba una escuela de filosofía similar, muy lejos en el floreciente reino de Grecia.

Capítulo 7 - Los Griegos Clásicos

Los griegos de Periclean emplearon el término idiotis, sin ninguna connotación de estupidez o subnormalidad, para referirse simplemente a "una persona indiferente a los asuntos públicos". Obviamente, existe algo deficiente en la personalidad apolítica. Pero también hemos llegado a sospechar la idiotez de la politización del agente profesional de la política y el poder. Las dos idioteces hacen una combinación perfecta, con la apatía de la primera permitiendo las depredaciones de la segunda.

(Christopher Hitchens, Preparado para lo Peor)

Las antiguas tierras de Hellas (Grecia moderna) comenzaron a urbanizarse rápidamente entre los siglos VIII y V a.C.[32] A diferencia de sus contrapartes de Europa occidental, los primeros griegos se organizaron rápidamente en grandes ciudades para facilitar el comercio y la seguridad personal. Ubicados a solo una semana a caballo de Mesopotamia, las culturas griegas y otras culturas mediterráneas se urbanizaron mucho más rápido que las que se encuentran a una gran distancia del Medio Oriente.

Fue en la costa occidental del continente helenístico que se formó la comunidad de Atenas sobre un afloramiento rocoso alto. La tierra

---

[32] Andersen, Helle Daamgard. *Urbanización en el Mediterráneo.* 1997.

había sido utilizada como pastura y tierras de cultivo durante al menos 2.000 años antes de que la ciudad comenzara a crecer, y había sido ocupada principalmente por familias nómadas de esa zona que se unieron para plantar cultivos de cebada, trigo y verduras.[33] Como la agricultura tuvo éxito temporada tras temporada en esta parte de Grecia, cada vez más agricultores nómadas decidieron hacer de Atenas su hogar permanente.

El atractivo de Atenas tuvo mucho que ver con su ubicación, ya que estaba al alcance de la comunidad portuaria de Pireo. En el Pireo, incluso más jonios se agruparon, alentados a formar asentamientos permanentes debido a los suministros regulares de pescado y mariscos que encontraron allí. En el siglo V a.C., los comerciantes del Pireo recibían a comerciantes de otras partes de Hellas y de las comunidades mediterráneas más cercanas que estaban ansiosos por intercambiar granos, telas, lana, cerámica y otros artículos por las aceitunas, el aceite, el pescado salado y los alimentos excedentes que encontraron en el puerto. Fue esta primera consolidación de alimentos lo que ayudó tanto al Pireo, Atenas y otras aldeas costeras similares a crecer y prosperar.

A finales del siglo V a.C., Atenas se había consolidado como la capital de Hellas y una de las principales ciudades de la cuenca mediterránea.[34] No solo era una ciudad rica y hermosa, centrada en los incomparables templos de mármol de la Acrópolis, sino que Atenas era una ciudad-estado democrática en la que se practicaba la primera instancia de la democracia occidental. Tras abandonar el dominio de los reyes aristocráticos un siglo antes, la ciudad y sus tierras de cultivo adyacentes, llamadas Ática, ahora se enorgullecían del proceso electoral.[35]

Sin embargo, la democracia de Atenas no era un modelo perfecto. Un gran porcentaje de su población estaba compuesta por esclavos,

---

[33] Eliot, Alexander. *La guía de pingüinos a Grecia*. 1991.
[34] Rostovtzeff, Mikhail. *Una historia del mundo antiguo: Oriente y Grecia*. 1926.
[35] Ibid.

mujeres y niños, y ninguno de ellos tenía poder político alguno. Un censo registrado por Demetrius en 322 a.C. estima que los esclavos superaban en número a los ciudadanos atenienses por 3 a 1.[36] Solo los hombres atenienses libres, de los cuales había unos 30.000, podían votar por un panel de líderes conocidos como los arcontes.[37] Los arcontes debían trabajar juntos para discutir los problemas del día y encontrar soluciones apropiadas en las que la mayoría pudiera estar de acuerdo. Era un método radical de autogobierno del que los atenienses estaban muy orgullosos.

La literatura y la filosofía surgieron de los fundamentos atenienses relativamente estables, como ocurrió en las ciudades griegas vecinas como Esparta y Corinto. Los poemas épicos de Homero enseñaban a los jóvenes estudiantes varones, mientras que se impartían ecuaciones matemáticas complejas y teorías científicas a niños mayores cuyos padres podían permitirse traer una sucesión de tutores eruditos. En algunas familias ricas, las niñas también disfrutaban de una educación superior. Era la era del gran filósofo Sócrates, quien creía que la lección más importante que un estudiante podía aprender era cómo aprender. Sus filosofías y métodos de enseñanza crearon la base de lo que se conoce como el método socrático, sobre el cual se basa la mayor parte de la educación occidental actual.

La antigua Hellas era el hogar de muchos filósofos y políticos famosos durante este tiempo, desde Pericles, el gran estadista, hasta Pitágoras, el gran matemático ascético y filósofo religioso. Gracias a un sistema agrícola y económico que permitía el suministro de alimentos y suministros excedentes, las ciudades y pueblos de Hellas producían grandes pensadores a quienes se les permitía estudiar con maestros durante varios años después de la edad tradicional de 12 años. Hombres como Solas y Temístocles siguieron sus asignaturas de interés en la política local y el ejército, primero mostrando a los

---

[36] Citado por Hans van Wees en "Demetrius y Draco: Clases de propiedad y población de Atenas en y antes del 317 a. C." The Journal of Hellenic Studies vol. 131, 2011.

[37] Ibid.

atenienses los beneficios de la democracia y luego asegurando que la ciudad se fortaleciera contra sus enemigos.

Celebrada como era, Atenas no era tan grande ni poderosa a los ojos del gran Imperio persa de esa época. Cuando el rey Jerjes llegó a Hellas en busca de conquista a principios del siglo V a.C., fue por pura valentía y fuerza de voluntad que los atenienses y los ciudadanos del cercano Maratón pudieron presionar la fuerza que se aproximaba al mar.[38] El general Temístocles tomó el ataque como una advertencia para sí mismo y para su ciudad: los militares de Atenas necesitaban una fortificación seria. Gracias a su previsión, Atenas construyó una espléndida e inmensa flota de buques de guerra trirreme galera que era la envidia de todos los Hellas.[39] Usando estas naves para golpear las naves persas más grandes hacia la ruina, los estados helenísticos aliados derrotaron a Jerjes en una batalla decisiva y sangrienta.

La cultura griega floreció en los siglos posteriores a esa derrota, aunque se estructuraba torpemente en una gran cantidad de ciudades-estado, reinos y ligas temporales. El reino del norte de Macedonia surgió como el más poderoso de estos durante el reinado del rey Felipe II desde 359-336 a.C.[40] Felipe usó su ejército para forzar al resto de Hellas a un reino unificado bajo su propio gobierno, que entregó a su hijo Alexander después de su muerte en 336 a.C. Mejor conocido como Alejandro Magno, el rey Alejandro de Macedonia llevó las tendencias de construcción de imperios de su padre a un nivel sin precedentes.

En poco menos de 13 años, el enorme ejército griego de Alejandro conquistó casi todo el mundo conocido, desde Grecia hasta el norte de India y Persia hasta Egipto.[41] Decidido a no solo poner a estos nuevos países a su cargo bajo su liderazgo, el conquistador también fundó nuevas ciudades en el camino, cada una con su propio nombre.

---

[38] Garland, Robert. *Atenas ardiendo*. 2017.

[39] Paine, Lincoln. *El mar y la civilización: una historia marítima del mundo*. 2014.

[40] Luttenburger, Mark. *De Darío I a Felipe II: La historia del polaco griego*. 2017.

[41] Skelton, Debra and Pamela Dell. *Imperio de Alejandro Magno*. 2009.

La ciudad de Alejandría en Egipto fue una de sus más veneradas, especialmente dado el respeto de Alejandro por la antigua civilización que había existido mucho antes que la suya. Después de abrirse camino a través de Asia Menor, el emperador macedonio se deleitó al descubrir que los egipcios lo acogieron de todo corazón en sus tierras, ofreciéndole agradecido el papel de faraón después de haber pasado muchos años bajo la subyugación del Imperio persa. Alejandría se inundó de colonos egipcios y griegos que estaban ansiosos por fusionar sus culturas intelectuales en una sola.

Este fue el pináculo de la cultura griega, donde todo lo que Alejandro tocaba se convertía en parte de su mundo. Los sistemas educativos y políticos se reorganizaron para imitar el de Atenas, Tebas, Pella y las otras ciudades prósperas de Hellas. Sin embargo, a los ciudadanos titulares no se les otorgó un voto, ya que Alexander dejó a sus propios aliados generales y políticos a cargo de cada nuevo principado. La cultura griega todavía estaba impresa en las tierras del imperio de Alejandro, aunque, con la excepción de Egipto, se hizo sin la voluntad del pueblo.

Alejandro murió inesperadamente a la temprana edad de 32 años, dejando su gran imperio en manos de cuatro de sus generales.[42] Los reinos enfrentaron luchas internas y competencia de los gobernantes orientales, y aunque cada parte del imperio finalmente deshizo las cadenas del gobierno griego, cada rincón del dominio de Alejandro retuvo piezas de la cultura de estilo griego impuesta. Dentro de la misma Grecia, años de guerra civil y disputas de liderazgo siguieron a la muerte del gran conquistador. La civilización retrocedió de los confines del mundo oriental y trató de reorganizarse como la Liga de los Aqueos en 280 a.C.[43] Sin embargo, hacia 146 a.C., una sublevación contra la intrusión política de la República Romana hizo que Hellas se encontrara con Roma en el campo de batalla. Este último fue el vencedor.

---

[42] Ibid.

[43] Wilson, Nigel. *Enciclopedia de la antigua Grecia*. 2013.

Capítulo 8 - El Imperio Romano

De todas las maravillas que he escuchado, me parece muy extraño que los hombres tengan miedo, al considerar a la muerte, un final necesario, llegará cuando tenga que llegar.
(William Shakespeare, Julio César)

La República Romana no era una entidad nueva en el Mediterráneo. Muchas de sus ciudades más antiguas habían sido fundadas por los griegos y se habían inspirado en el ejemplo que Atenas y Hellas en general le habían dado. Su civilización floreció durante los últimos siglos de los imperios y alianzas helenísticas, y creció exponencialmente durante el reinado de su primer emperador, Julio César. Tras el espantoso asesinato de César a manos de docenas de senadores romanos en 44 a.C., la república se transformó en un imperio bajo el gobierno de una dinastía de los propios descendientes de César.[44] Fue ese imperio el que extraoficialmente despojó a Grecia de su monopolio sobre el Mediterráneo y los países vecinos.

Durante un siglo, la ocupación romana de Grecia fue limitada, excepto en términos de recaudación de impuestos de sus súbditos griegos. Atenas lideró una rebelión fallida contra Roma en el 88 a.C., y la desorganizada administración romana de las provincias paralizó la

---

[44] Strauss, Barry. *La muerte de César.* 2016.

una vez fuerte economía. Cuando el emperador Augusto de Roma reclamó la anexión formal de Egipto en el año 30 a.C., fue realmente el final de la era griega.[45]

El reinado del emperador Augusto mantuvo la creencia superficial de la democracia romana, pero, de hecho, convirtió al imperio en una oligarquía. Una vez que Grecia fue subyugada, Roma se convirtió en el mejor asimilador cultural. El senado permaneció, aparentemente para el debate y referéndums sobre las ideas del emperador, pero solo los más ricos entre los romanos nacidos en libertad podían ser elegidos como representantes del pueblo. Era un sistema completamente hipócrita, uno que ponía la democracia en un pedestal mientras practicaba el gobierno aristocrático y la dictadura.

De cualquier manera, el Imperio Romano continuó siguiendo los pasos de los griegos de la mayor manera posible. Uno de esos métodos era basar la mayor parte de su infraestructura y economía en la esclavitud. Los generales del ejército y los comerciantes de la nueva potencia mundial importaron esclavos griegos por decenas de miles, a menudo colocando a esos esclavos en posiciones de gran importancia para sus hogares. Los eruditos griegos fueron desplazados de sus hogares y obligados a enseñar a los niños romanos sobre filosofía, religión, matemáticas y ciencias.

Los romanos tenían a los griegos en la misma estima que Alejandro Magno a los egipcios. Políticos, administradores y personal militar romano educado, a menudo aprendieron sus propios números y letras siguiendo los pasos de los tutores griegos, y querían lo mismo para sus propios hijos. Los griegos, a su vez, se mantuvieron firmes en sus propias historias y lealtades nacionales. Los tutores enseñaron a la generación joven de Roma todo sobre el panteón del Monte Olimpo, que había sido el punto crucial de su reino espiritual y religioso durante miles de años.

El Monte Olimpo es un pico literal en la frontera de Tesalia y Macedonia, donde los antiguos griegos creían que todos los dioses y

---

[45] Carratelli, Giovanni Pugliese. *Roma e l'Egitto*. 1992.

diosas de su universo vivían en esplendor.[46] Estaba Zeus, el gran guerrero con su rayo mágico, Atenea, diosa de la guerra, vestida para la batalla, y docenas de otras figuras mitológicas que adornaban las páginas de las historias griegas y actuaban como personajes reales en las historias de Homero sobre la Guerra de Troya. El panteón sobrevivió en la República Romana, aunque los nombres de las deidades se transformaron. Zeus se convirtió en Júpiter, Atenea se convirtió en Diana. Fue simultáneamente la erradicación de la cultura griega y su asimilación.

Mientras usaban a los griegos para educar a sus hijos, los ciudadanos aristocráticos del Imperio Romano eran libres de concentrarse en su propia satisfacción personal. Los esclavos bailaban, cantaban, tocaban instrumentos musicales como el laúd y alimentaban a sus captores, mientras que otros actuaban en obras de teatro junto a hombres libres. Todos los abundantes lujos que un ciudadano de Roma podía disfrutar: fiestas de los mejores alimentos importados, espectáculos de combate de gladiadores, cenas, fiestas de vino, bardos de cuentos, poesía, bibliotecas, incluso ejecuciones fueron eventos a los que el público asistió y disfrutó. Por supuesto, este no fue el caso de las mujeres romanas o de los hombres nacidos en el extranjero, ninguno de los cuales tenía dominio sobre sus propias vidas y elecciones. El Imperio Romano era un mundo controlado por hombres romanos, con muy pocas excepciones.

En su apogeo, el imperio incluía toda la tierra que se extendía desde Britania (el nombre romano para Gran Bretaña) y toda Europa occidental hasta Mauritania y a lo largo de la costa del norte de África hasta Egipto, así como alrededor del borde oriental del mar Mediterráneo incluía Arabia Saudita, Siria y Babilonia. Este último pasó a llamarse Constantinopla por el emperador Constantino en 330 EC.[47] Con tantos recursos disponibles para sus emperadores y ciudadanos ricos, el Imperio Romano construyó una civilización vasta

---

[46] Shea, John. *Macedonia y Grecia: la lucha*. 2016.
[47] Anderson, Zachary. *La caída de Roma y el surgimiento de Constantinopla*. 2015.

y altamente estructurada. Se envió mármol de Italia a Britania para establecer la nueva ciudad de Londinium, que siguió el estilo de planificación de la propia Roma. De hecho, cada nueva ciudad del imperio se construyó con sus templos principales y anfiteatro en su corazón con una colección de grupos rectangulares de tiendas, edificios públicos y casas que irradian hacia el exterior.

Londinium (más tarde llamado Londres) tuvo un comienzo difícil a causa de los repetidos ataques de tribus nativas, pero sus fundadores perseveraron. Junto con Colonia Agrippina (Colonia), Vindobona (Viena), Nida (Frankfurt) y Aquincum (Budapest), sobrevivió a la era moderna gracias a los sistemas de construcción de carreteras, mezcla de hormigón, arquitectura matemáticamente sólida y opresión cultural de Roma. Así como Alejandro Magno había conquistado los reinos de Europa del Este unos siglos antes, los emperadores de Roma hicieron lo mismo con su enfoque en la dirección opuesta. Implantaron la cultura romana en casi todo el continente europeo a través de los miembros más vulnerables y dispuestos de las sociedades locales: los niños.

Los hijos de familias ricas e importantes en las provincias romanas recién conquistadas eran muy importantes para el futuro del reino. A sus familias generalmente se les otorgaban ventajas si sobrevivían a la conquista. Lo ideal para un emperador era formar aliados rápidamente en las tierras conquistadas, y era más fácil hacerlo ofreciendo puestos de autoridad a quienes habían estado a cargo de la administración anterior. De esta manera, las políticas locales no colapsaban por completo. Hombres poderosos permanecieron así, y sus hijos fueron educados como romanos. Los jóvenes de las provincias crecieron viendo al imperio como la razón de su vida continua de lujo e impresionante educación. Por supuesto, fueron rápidamente adoctrinados con propaganda política y filosófica romana.

La grandeza objetiva de Roma comenzó a hundirse tras la muerte del emperador Constantino. Fue el primero en aceptar la nueva religión cristiana, y al hacerlo, puso en marcha eventos que cambiarían por completo la faz de la historia religiosa europea. Sin embargo, antes de que el cristianismo llegara a beneficiar a Roma, los emperadores lucharon durante casi dos siglos para administrar un reino abrumadoramente extenso que finalmente se dividió en dos.

A pesar de la caída del Imperio Romano de Occidente, su sistema educativo (copiado de los griegos) grabó permanentemente la idea del Imperio Romano como un distribuidor dorado de la iluminación, el conocimiento y la democracia sobre los estudiantes de su vasto reino. Si bien difundieron las enseñanzas de filósofos y científicos famosos, de líderes alfabetizados y teólogos políticos, Roma también logró exportar la idea de que las economías fuertes se fundaron en la esclavitud. Aunque la esclavitud directa se desvanecería junto con la gloria del imperio, su premisa fue reconstruida en la Europa post-romana.

Capítulo 9 - Los Vikingos

El cielo descansa sobre los hombros de cuatro enanos. Se paran en sus esquinas, sosteniéndolo, y sus nombres son Nordri, Sudri, Ostri y Westri...

(Henry Myers, La Isla Suprema)

El reino del norte no estaba vacío y silencioso mientras el resto de Europa se ocupaba en los negocios de sus vecinos cercanos y lejanos. Aunque el clima era considerablemente más duro que el del Mediterráneo, la humanidad floreció de todos modos. Los daneses, como solían llamarse en ese momento, cultivaban avena, cebada, centeno y pasto, estos últimos para alimentar a su ganado. En los huertos, los hogares cultivaban nabos, frijoles, guisantes y zanahorias, que tradicionalmente se hervían con cortes de carne para formar un guiso espeso y abundante. En general, la dieta y el trabajo diario de un antiguo danés era notablemente similar a los de un granjero actual.

Durante varios milenios, los daneses no tuvieron los medios ni el deseo de abandonar sus granjas o pequeñas comunidades en busca de costas distantes. Su tiempo era preciado, y la mayoría de los barcos de pesca eran demasiado pequeños para soportar más de un par de personas más allá del punto en que la costa desaparecía de su vista. Estos eran botes propulsados únicamente por remos y tenían una fuerza y velocidad limitadas. Los primeros vikingos estaban satisfechos con las canoas que los ayudaban a capturar cantidades aparentemente ilimitadas de bacalao, al igual que se contentaban con una barra de pan y un plato de estofado con carne para la cena.

A principios de la Edad Media, al menos tres ciudades escandinavas existían en el siglo VIII EC.[48] Una de esas ciudades era Hedeby, que se encuentra en la parte más septentrional de la Alemania actual. Situada cerca de la costa oriental del Kattegat, en la que desemboca el Mar Báltico, Hedeby probablemente fue reorganizada por comerciantes que se vieron obligados a huir del destruido centro comercial de Reric en la costa del Báltico. Se convirtió en una ciudad comercial vital, especialmente porque los vikingos acababan de realizar grandes avances en el transporte marítimo.

La población costera de Escandinavia finalmente había perfeccionado el barco: una embarcación ligera y elegante de unos 30 metros (98 pies) de longitud con espacio para acomodar hasta 100 hombres y mujeres.[49] Aproximadamente sesenta de los ocupantes del barco se encargaban de remar, mientras que una vela cuadrada se colocaba para atrapar un viento favorable. La fuerza combinada de los remeros y el viento permitía a los marineros daneses viajar hasta 15 nudos por hora, cubriendo largas distancias en un período de tiempo razonablemente corto. Los grandes barcos también proporcionaron un mayor grado de protección que sus predecesores más pequeños, lo que les brindaba a los equipos de navegación la confianza para partir hacia costas distantes, tanto conocidas como desconocidas.

Los curiosos pescadores y granjeros comisionaron sus propios barcos extensos y los pilotaron a través del Báltico para reunirse con otros grupos de daneses. Llevaban pieles cálidas y esclavos para comerciar con las comunidades que encontraban en toda Escandinavia y, finalmente, las ubicadas en toda Europa del Este. Los

---

[48] Bairoch, P. Ciudades y desarrollo económico: desde los albores de la historia hasta el presente. 1988.
[49] Chartrand, Rene; Durham, Keith; y Mark Harrison. *Los vikingos*. 2016.

artículos escandinavos más populares incluían cuencos de esteatita y ollas de cocina, piedras para afilar herramientas y mineral de hierro. A cambio, los vikingos traían a casa vidrio y cerámica, telas, sal, vino, estaño y cobre. Fue una época notable para los vikingos, cuyo mundo entero se abrió repentinamente y se puso a su alcance. En Hedeby, la población creció. Artesanos, comerciantes y jóvenes en busca de empleo se aglomeraron en la ciudad para enviar sus mercancías en barcos y buscar con entusiasmo nuevos embarques desde tierras exóticas. Este negocio de importación y exportación caracterizó gran parte de los próximos dos siglos, aunque la agricultura, la pesca y la cría de animales permanecieron en el corazón de la cultura nórdica.

En el siglo X, los reyes vikingos y sus marineros estaban bastante familiarizados con el mundo que los rodeaba.[50] Visitaron Constantinopla, comerciaron con el califato islámico e incluso visitaron las tierras de los eslavos (Rusia actual). Los vikingos aventureros habían fundado nuevas ciudades en Escandinavia para facilitar más comercio, tanto nacional como internacional. Incluso se fundó un asentamiento vikingo en Dublín, Irlanda, para competir mejor con las asociaciones establecidas entre las islas británicas y el continente europeo.

Este centro comercial de Dublín serviría adecuadamente al irlandés nativo, ya que el comercio con Britania pronto dejó de tener interés para los nórdicos. Los vikingos estaban encantados con las riquezas de Europa, pero en comparación, tenían poco que intercambiar. Se pedían pieles y esclavos, pero solo se podían obtener unos pocos por temporada, y la tierra cultivable había comenzado a escasear en Escandinavia. La creciente población de vikingos ejerció una gran presión en la parte norte del continente, y sin mucho espacio para comenzar nuevas granjas o cosechar más alimentos, los líderes de los pueblos del norte revisaron su sistema económico. Las tribus y

---

[50] Ciggaar, K.N. *Viajeros occidentales a Constantinopla: Occidente y Bizancio.* 1996.

ciudades sin fortificaciones y la protección del ejército de un rey se convirtieron en el blanco de temibles grupos de asalto.

Los años 800, 900 y 1000 vieron innumerables redadas violentas.[51] Los vikingos atacaron a pequeños vecinos, rivales económicos lejanos y, en general, a cualquier asentamiento que no estuviera lo suficientemente protegido como para ofrecer algún tipo de represalia. Las familias y tribus vikingas se unían en grupos de asalto, navegando hacia el este u oeste para atacar a comunidades desprevenidas y saquear sus tesoros. Los asaltantes entraban corriendo, blandiendo hachas, martillos y dagas, y asesinaban hasta llegar al corazón de cada pueblo. Una vez que la población local estaba mayormente muerta o al menos sometida, los invasores se apoderaban de todo lo que tenía valor, desde copas de plata y animales hasta mujeres y hombres. Ambos sexos se convertían en esclavos, ya sea en la forma de una esposa, un trabajador o ambos.

Hambrientos de tesoros y tierras, miles de vikingos navegaron hacia Britania para robar y saquear los metales preciosos de las iglesias cristianas que encontraban allí. Incapaces de saquear París, a los nórdicos se le ofreció un pedazo de tierra en el reino franco a cambio de su lealtad al rey franco Carlos el Simple. La tierra fue colonizada por el líder vikingo Rollo y sus seguidores como el Ducado de Normandía en 911 EC.[52] Al final de ese mismo siglo, la civilización vikinga de la Europa continental había alcanzado niveles tan altos que su población se desbordó y comenzó a buscar nuevos mundos. Islandia, Groenlandia y Canadá sintieron el gran peso de los barcos vikingos encallados antes del cambio de milenio. Estas masas de tierra árticas eran unos pocos grados más cálidas alrededor del año 1000 EC, lo que las convirtió en sitios perfectos para las familias en busca de nuevos comienzos.[53]

---

[51] Grant, R.G. *Guerrero: Una Historia Visual de la lucha del hombre.* 2007.

[52] McKay, John P; Hill, Bennett D; y John Buckler. *Una historia de la sociedad occidental.* 2002.

[53] Richard, Kenneth. El Ártico era más cálido hace 9,000 años cuando el CO_2 era bajo". *Principia Scientific International.* 16 Julio de 2018.

Aunque los vikingos siempre se enorgullecían de su fuerza física y sus logros en la guerra, querían cultivar su propia tierra junto a sus familias. Estas nuevas islas brindaron la oportunidad de hacer precisamente eso. Las incursiones cayeron nuevamente cuando los colonos encontraron el espacio para extenderse cómodamente y renovar la tierra, tal como lo habían hecho sus antepasados en Escandinavia. Trajeron su panteón con ellos y estaban seguros de hacer los sacrificios necesarios a los dioses Thor, Odín, Freya y sus parientes. En realidad, la de ellos fue la última posición de la religión ancestral en Europa y las colonias. Los nórdicos del continente abandonaron las incursiones cuando los ejércitos enemigos demostraron ser demasiado grandes para vencerlos y se vieron superados por la nueva religión de la época, el cristianismo. En L'Anse aux Meadows en Terranova, los colonos perdieron la fe en los antiguos dioses cuando no pudieron proporcionar suficientes colonos y suministros desde casa para apoyar el asentamiento. Poco a poco, los daneses regresaron a Groenlandia y luego salieron del Nuevo Mundo por completo.

La era de las inquietantes incursiones vikingas con estatuas de madera de Thor situadas en la proa de grandes barcos llegó a su fin; el cristianismo conquistó el resto del continente.

Capítulo 10 - La Edad Media

Muy a menudo me viene a la mente que los hombres de aprendizaje existían anteriormente en toda Inglaterra, tanto en órdenes religiosas como seculares, y cómo hubo momentos felices en toda Inglaterra... y cómo hoy en día, si quisiéramos adquirir estas cosas, tendríamos que buscarlas afuera.
(Rey Alfred de Wessex, Cuidado Pastoral)

A medida que los soldados, constructores, políticos, maestros, artesanos y comerciantes de Roma lentamente salían de los confines occidentales del imperio cuando cayó el Imperio Romano de Occidente, el futuro de naciones enteras de personas era incierto. Las infraestructuras previamente establecidas de Britania, Bretaña y otras tierras occidentales se deterioraron sin que materiales importados inundaran la región. Los arquitectos y líderes de la ciudad que se quedaron atrás tenían el conocimiento de la construcción de carreteras, la fortificación, el mantenimiento y el comercio exterior, pero debido a un colapso de la población, había poco tiempo para nada, excepto la agricultura, la cría de animales, la jardinería y la preparación de alimentos. Las grandes actividades del Imperio Romano, como la educación, la literatura y las artes, fueron abandonadas por actividades más apremiantes. A medida que avanzaban las décadas y los siglos, la cultura romana se convirtió en un recuerdo lejano.

En Britania, había un grupo profundamente dividido de personas: personas que se consideraban miembros de las familias romanas y aquellos que sentían más parentesco con las tradiciones celtas y druidas del pasado. Los que habían formado parte de familias romanas o habían trabajado junto a los aristócratas de Roma creían que debían hacer todo lo posible para mantener la cultura de sus últimos administradores y amos. Al otro lado de la división estaban las personas cuyas tierras habían sido robadas, cuyas aldeas habían sido quemadas y cuyas familias habían muerto de hambre para servir los excesos del Imperio Romano. Las tribus nativas de Britania celebraron su libertad de la lejana Roma y se precipitaron a reintroducir sus propias culturas en tierras que habían estado sin ellas durante siglos.

En toda Europa occidental, fue casi lo mismo. La Galia, cuyo territorio comenzó en el extremo occidental del continente, se dividía entre los visigodos, los borgoñones y los francos cuando los soldados de Roma se retiraron a Italia. Cuando los galos derrotaron con éxito a los gobernadores restantes del imperio en 486 EC, establecieron su propio gobierno monarcal bajo el liderazgo de Merovich.[54] Fue el primer movimiento hacia la unificación de todos los galos celtas. Dos generaciones después, bajo el nieto de Merovich, Clovis I, toda la Galia se unió con la punta de la espada al reino de los francos. La suya fue la dinastía merovingia, y creció hasta abarcar el Imperio Romano Occidental caído y gran parte de Alemannia (Alemania actual).

El reino franco heredó un sentido de superioridad no solo de su destreza militar, sino del hecho de que había anexado parte de la antigua sede del poder romano. Los merovingios sintieron que se habían ganado el derecho y la responsabilidad de establecer una nueva era en la que ellos, los franceses, dictaran el resto del

---

[54] Waldman, C. y Mason C. *Enciclopedia de los pueblos europeos*. 2006.

continente. Con este fin, a Clovis le pareció lógico y tácticamente necesario convertirse en cristiano.[55] Su conversión se registró en *Las crónicas de St. Denis*, que explican cómo invocó al Dios cristiano como último recurso para vencer a la gente de Alemania en la batalla y ganarse las tierras para ellos mismos:

En este momento, el rey todavía estaba en los errores de su idolatría y asistió a la guerra con los alemanes, ya que deseaba volverlos tributarios. La batalla fue larga, muchos fueron asesinados de ambos lados, porque los francos lucharon para ganar la gloria y el renombre, los alemanes para salvar la vida y la libertad. Cuando el rey por fin vio la matanza de su pueblo y la valentía de sus enemigos, tuvo una mayor expectativa de devastación que de victoria. Miró al cielo con humildad y aclamó: "Dios más poderoso, a quien mi reina Clotilde adora y alaba con corazón y alma, te prometo un servicio perpetuo a tu fe, si tan solo me concedieras ahora la victoria sobre mis enemigos".

Nada más decirlo, sus hombres se armaron de ardiente valor, y un gran miedo llenó a sus enemigos, de modo que dieron la espalda y huyeron de la batalla, y la victoria permaneció con el rey y con los francos. El rey de los alemanes fue asesinado, y en cuanto a los alamanes, viéndose desconcertados y que su rey había caído, se entregaron a Clovis y sus francos y se convirtieron en sus seguidores.

El rey regresó después de esta victoria a Frankland. Acudió a Reims y le relató a la reina lo que había sucedido y juntos dieron gracias a Nuestro Señor.

La influencia de la reina Clotilde en esta decisión, o más bien, este arrebato, es clara. Ella ya era una cristiana devota, una de las pocas personas de ese tipo en Europa occidental en ese momento. Posiblemente fue un sentido de reverencia por la importancia del antiguo Imperio Romano, que había adoptado el cristianismo en los últimos siglos de su gobierno, lo que atrajo a la pareja real a considerar la adopción de una religión relativamente nueva para su

---

[55] Iyigun, M. Guerra, paz y prosperidad en el nombre de Dios. 2015.

imperio. A partir de entonces, la religión oficial de los francos fue el catolicismo romano. El rey Clovis fue bautizado el día de Navidad de 508 EC.

El reino franco no fue el único en establecerse firmemente en ausencia del Imperio Romano de Occidente. La península ibérica fue gobernada por los visigodos, los países del norte por los daneses, jutos, sajones y frisones, y los restos del Imperio Romano aún se mantenían firmes en toda Grecia, Egipto y Persia. Sin embargo, en su mayor parte indiferente a lo que sucedía en Europa, el Imperio Romano del Este, de cara a Asia, pronto se convirtió en un nombre con reputación: El Imperio Bizantino. El reino de Odoacro llenó el vacío político en Italia, preservando así el reino en su estado físico original, si no en su estructura administrativa original. En el extremo oriental de Europa se encuentran los reinos de los rugios, los ostrogodos y los nepos.

Muchos filósofos e historiadores de la Edad Media se referirían a este período crucial como la Edad Media como una metáfora de la luz perdida del Imperio Romano Moderno y altamente civilizado. A pesar del apodo, los años 500-1000 a.C. no fueron característicos de una disminución de la inteligencia, ni fueron un momento de crisis para la gente de la Europa post-romana.[56] Ciertamente, hubo dificultades debido al colapso de una red económica tan vasta, pero para muchas de las culturas oprimidas y reprimidas de Europa, el colapso de la Roma clásica marcó el comienzo de una era de autoridad local. Las tradiciones de los celtas, druidas, visigodos, germanos y otros tuvieron la oportunidad de ser practicadas nuevamente y establecer sus propios términos con los reinos europeos vecinos.

Mientras Europa encontraba su lugar y exploraba su propio potencial, Roma luchaba para hacer lo mismo. De vuelta en la península italiana, la sección sobreviviente del Imperio romano estaba ocupada renombrándose en una nueva versión respetable de la Edad

---

[56] Demid, David. *Ciencia y tecnología en la historia mundial.* 2014.

Media de su antiguo yo colonial. El jugador clave de la transformación fue un rey franco conocido como Carlos el Grande. El rey Carlos, o Carlos el Grande en su propia lengua, unió el reino franco con el del norte de Italia y Alemania. El papa León III coronó a Carlomagno, como se le conoce ahora en la historia, emperador de los romanos el día de Navidad del año 800 EC.[57] Irene de Atenas se había nombrado a sí misma la emperadora romana en lugar de su hijo, Constantino VI, por lo que, en adelante, había dos emperadores de Roma. Carlomagno gobernó la porción occidental, e Irene y sus sucesores la del este. Pronto, el imperio dividido se conoció como el Sacro Imperio romano en el oeste y el Imperio bizantino en el este.

Mientras que los bizantinos centraron su reino en Constantinopla y utilizaron el idioma griego, Carlomagno gobernó su imperio latino desde Aquisgrán en la Alemania actual. Ambas se establecieron como entidades cristianas, pero era el imperio occidental el que se convertiría permanentemente en la capital mundial del catolicismo.

---

[57] Curta, F. y Holt, A. - Editores., Grandes eventos en la religión - Enciclopedia de eventos fundamentales en la historia religiosa. 2017.

Capítulo 11 - El Sacro Imperio Romano

El Sacro Imperio Romano no es Sagrado, ni Romano, ni un Imperio.
(Voltaire)

La una vez orgullosa y gran ciudad de Roma fue atacada por los ostrogodos a mediados del siglo V d.C. y reducida a ruinas.[58] Bajo las instrucciones de Bessus, el general del Imperio Romano del Este a cargo de su antigua capital, a los ciudadanos se les prohibió abandonar Roma durante el asedio de la ciudad durante todo el año. Hambrientos, los trabajadores y granjeros del imperio, llamados "plebeyos", recurrían a comer perros, roedores, verduras silvestres y los restos bajos en calorías que quedaban de la harina blanca filtrada de los ricos.[59] La gente era consumida por el hambre y moría en las calles. Cuando se les permitía irse, muchos morían en el camino para buscar ayuda.

El gobernante ostrogodo, el rey Totila, logró destruir las últimas filas romanas y procedió a derribar la mayoría de los muros defensivos de la ciudad. Todos huyeron, dejando no más de unos

---

[58] Davis, P.K. *Asediado: 100 grandes asedios desde Jericó hasta Sarajevo.* 2003.
[59] Bury, J.B. *"Historia del Imperio Romano posterior".* Macmillan & Co. Ltd. 1923.

cientos de personas dentro de las puertas abiertas. A pesar de un intento de reconstrucción el siguiente año, las fuerzas de Totila mantuvieron la presión y retomaron la ciudad en 549 EC.[60] Después, decidió repoblar la ciudad él mismo, estableciendo una guardia allí para protegerla de los contraataques del emperador bizantino nacido en Roma, Justiniano I.

Los siguientes tres siglos pasaron de manera similar, aunque una sucesión de emperadores bizantinos reclamó la verdadera propiedad de la antigua ciudad. Sin embargo, llevaban a cabo sus negocios en Constantinopla y no se dignaron a pasar mucho tiempo en Roma, excepto para erigir estatuas y mostrar su importancia a los ciudadanos. En el siglo VII d.C., Italia había quedado decisivamente bajo la administración de los alemanes y francos, debido al hecho de que el Imperio Bizantino se enfrentaba a una gran cantidad de enemigos en su frente.[61] A pesar de que todas ellas eran naciones cristianas, no dudaron en infligirse guerras entre sí para obtener ganancias en riqueza o tierra.

Irónicamente, la era cristiana no fue más pacífica ni menos guerrera por su nueva fe en la Iglesia Católica. El devoto rey cristiano de los francos, Carlos el Grande, o Carlomagno, como se le conoció, llevó a cabo una larga campaña militar contra el reino de Lombardía en la última parte del siglo VIII.[62] La autoridad de los lombardos se mantuvo en la región que rodea Roma, así como en Sicilia, Cerdeña y el extremo sur de la parte continental de Italia. La aventura de Carlomagno fue finalmente exitosa con las tierras entregadas al papado a cambio de las vidas de la familia real.

Italia y la Roma recién conquistada mantuvieron fuertes lazos con la Iglesia Católica romana y el papado. Basándose en la tradición del catolicismo franco que había existido desde Clovis I, Carlomagno

---

[60] Hodgkin, T. Italia y sus invasores: 553-600. Libro VI. Web.

[61] Kleinhenz, C. Routledge Revivals: Medieval Italy (2004): An Encyclopedia -, Volume 2. 2004.

[62] Bachrach, B. Las primeras campañas de Carlomagno (768-777): un análisis diplomático y militar. 2013.

trabajó arduamente para unir un reino que era puramente cristiano. En el año 800 EC, el actual Papa León III tomó personalmente el futuro de Italia en sus propias manos cuando seleccionó al rey Carlos para gobernar como Sacro Emperador Romano.[63]

Esta fue una jugada muy inteligente diseñada no solo para la autoprotección y la consolidación de la autoridad, sino también para rebelarse contra el gobierno de una mujer en el trono bizantino. La emperadora bizantina Irene de Atenas no pudo defender su propio reclamo dinástico sobre la tierra debido a los continuos conflictos políticos y la revuelta. Sin respuesta, Carlomagno aceptó su nuevo territorio del norte de Italia y la mayor parte de Alemania, Austria, Suiza y Polonia bajo sus fronteras recién delineadas.

Carlomagno mantuvo el reino de los francos aislado e independiente bajo su propio dominio, probablemente porque el gobierno sobre el Sacro Imperio Romano estaba sujeto a la voluntad del Papa y no a ninguna dinastía familiar en particular. Sin embargo, los dos reinos estaban estrechamente conectados y juntos formaron la gran mayoría del continente. A partir de esta base, el catolicismo se estableció como la religión más influyente e importante de la Europa medieval. Carlomagno había sido ordenado por el propio mensajero de Dios, o eso creía él, para gobernar la tierra, y por ese mismo poder, sus propios hijos y sus hijos tomarían el reino de los francos después de su muerte.

Para los monarcas durante este período de la historia europea, la religión se convirtió en la razón lógica de por qué impartían su poder y supuesta sabiduría sobre sus temas, también fue la razón dada para el gobierno dinástico. Sin importar lo que le sucediera a un rey católico, ya sea asesinato, secuestro o usurpación, su pueblo se vio obligado a reemplazarlo por un sucesor del mismo linaje. La riqueza, las tierras y la autoridad debían mantenerse para siempre en manos de una familia, elegida por Dios mismo. Los líderes de la iglesia les

---

[63] Sypeck, J. Convertirse en Carlomagno: Europa, Bagdad y los imperios de 800 d. C. 2006.

enseñaron a los civiles a respetar y adorar a sus reyes como representantes de Dios. El castigo por ignorar este adoctrinamiento o hablar en contra de él era duro y usualmente culminaba en la muerte.

Aunque estaba fragmentado internamente, el Sacro Imperio Romano estaba organizado políticamente para que su principal exportación fuera el catolicismo y, por lo tanto, el poder. La asamblea del Papa, el Sacro Imperio Romano y el rey de los francos trabajaron juntos para enseñar simultáneamente a sus ciudadanos las leyes del cristianismo e impartir un sentido de autoridad suprema. Se construyeron iglesias católicas inmensas y ornamentadas en todo el reino en el que se nombraban obispos y sacerdotes para prestar servicios al público. El Palacio de Letrán, en Roma, se sometió a lujosas reformas para que pudiera servir como el hogar permanente del Papa.[64] Los gobernantes de la tierra no escatimaron gastos en crear un dominio católico impresionante, como la mayoría de la gente nunca había visto.

Roma, Italia y el resto de Europa se habían recuperado definitivamente del colapso del Imperio Romano original, aunque todo parecía bastante diferente de lo que había sido hace solo 500 años. Con el Papa católico en casa en la Roma reconstruida y la mayor parte de Europa bajo la administración de monarcas con una riqueza, poder y fuerza militar sin precedentes, los agricultores, artesanos, trabajadores y familias del continente reenfocaron sus capacidades para servir a un dios. La Europa católica se dirigía a paso firme hacia la Edad Media.

---

[64] Thunø, E. Imagen y reliquia: mediando lo sagrado en la antigua Roma medieval. 2002.

Capítulo 12 - El Ascenso de Wessex

Porque en la prosperidad un hombre a menudo está repleta de orgullo, mientras que las tribulaciones lo castigan y humillan a través del sufrimiento y la tristeza. En medio de la prosperidad, la mente está eufórica, y en la prosperidad un hombre se olvida a sí mismo...
(Rey Alfredo, La Crónica Anglosajona)

En la antigua Britania, la migración germánica había tenido un gran efecto en la composición cultural y lingüística de la tierra. Los pueblos celtas, los latinos y las tribus germánicas se mezclaron completamente en muchas partes de Gran Bretaña que el cuerpo cultural más grande pronto se convirtió una mezcla de todos los estilos de vida existentes. El proto-inglés se vinculó con los idiomas germánicos, y el pueblo de Gran Bretaña llegó a identificarse como anglosajón: es decir, los pueblos germánicos que viven en Inglaterra. La cultura anglosajona dominó Gran Bretaña ya en el siglo V EC,[65] y fueron estas personas las que establecieron diversos reinos pequeños en toda Inglaterra.

Cada uno de estos dominios estaba encabezado por un monarca dictatorial que utilizaba el poder de su ejército para conservar la ley

---

[65] Sanders, R.H. y Sanders, R. German: Biography of a Language. 2010.

local y defenderse de los ataques de sus compañeros reyes. Los monarcas se enfrentaron a la mayor oposición política y militar de sus vecinos, y aunque cada uno intentó a su vez hacer acuerdos y alianzas de paz, en última instancia, el destino de los reinos cayó en manos de sus soldados.

Después de algunos siglos de matrimonios reales entre reinos y guerras entre las regiones, Wessex superó a sus vecinos como el reino más grande, más poblado e influyente de toda Gran Bretaña. Los otros se consolidaron como Mercia, Northumbria y Anglia Oriental. En 925 EC, el rey Atelstán estaba a la cabeza de todos menos uno de estos: Northumbria.[66] Siendo un hombre piadoso y profundamente católico, Atelstán creía que era su deber unir a los reinos ingleses bajo una sola corona y velar por su educación religiosa. El mayor obstáculo para su plan era York, un reino de Northumbria bajo el control vikingo.

La presencia vikinga en Britania había existido durante siglos en ese momento, y los propios antepasados reales de Atelstán habían pasado gran parte de sus propios reinados tratando con ellos de muchas maneras. Las incursiones danesas no habían cesado en ningún momento, pero a algunos de sus agricultores se les había dado tierras para trabajar a cambio de paz. Los tratados se habían roto repetidamente por ambas partes, y el rey Atelstán no tuvo reparos en hacer regresar a su ejército hacia York para erradicarlos por completo de su floreciente reino unido. Primero, sin embargo, utilizó la antigua tradición de casar a su hermana con su rey vikingo.

Cuando el rey Sihtric se casó con la hermana de Atelstán, llegó a un acuerdo con Atelstán de que ninguno de los dos libraría la guerra entre ellos o se apoyarían mutuamente. El tratado se mantuvo durante todo un año cuando Sihtric murió en 927, y Atelstán rápidamente marcó el comienzo de sus tropas en apoyo de su hermana, la reina en

---

[66] Giles, J.A. e Ingram, J. The Anglo-Saxon Chronicle: A Collaborative Edition. Web.

funciones.[67] Su campaña fue exitosa, lo que derivó en su liderazgo total sobre los reinos de Inglaterra y la influencia política para intimidar a los reyes de Gales a su voluntad. El reino de Escocia y el Reino de Strathclyde reconocieron oficialmente a Atelstán como el gobernante de su vecino geográfico cercano, Northumberland, así como los múltiples reinos del sur. Atelstán estableció las tierras galesas como entidades políticas bajo su propio liderazgo y se convirtió en el primer rey de toda Inglaterra.[68]

Había mucho trabajo por hacer para el rey Atelstán, y se preparó para ello de inmediato. Primero, nombró hombres en los que confiaba para administrar los condados y los reinos anexos y velar por que las revueltas se frenaran rápidamente. Luego, se ocupó de que los pesos de las monedas estuvieran regulados y que los estafadores fueran estrictamente penalizados por crear monedas de plata u oro falso. También revitalizó el sector de mercado de su país alentando que todo el comercio se llevara a cabo dentro de espacios fortificados, lo que hace que los compradores y vendedores estén mucho más seguros de los ladrones o asaltantes. Este movimiento llevó a muchas personas de hogares rurales a los centros urbanos de Inglaterra, donde el comercio y la artesanía aumentaron simultáneamente.

La urbanización y la agricultura eran elementos necesarios de los anglosajones bajo el poder del rey Atelstán. Las ciudades eran esenciales para el comercio y las ceremonias religiosas, mientras que la agricultura seguía siendo fundamental para la civilización. Fiel a su palabra, Atelstán financió las iglesias católicas existentes en todo su reino y fundó otras más. Wessex, ya fuertemente marcado por los setos de piedra, los túmulos y las colinas artificiales de los celtas, se llenó de majestuosas catedrales. La catedral de Malmesbury, en la moderna Wiltshire, era una de las favoritas del rey Atelstán, que la frecuentaba para los servicios y donde regularmente hacía donaciones.

---

[67] Palliser, D. M. York medieval: 600-1540. 2014.

[68] Foot, S. *AEthelstan*. 2011.

Wessex siguió siendo la sede del poder en Inglaterra durante la Edad Media, y la importancia que el rey le dio a la educación religiosa y la fe tuvo un impacto duradero. Londres, después de sobrevivir a la retirada de los romanos que la fundaron, prosperó en la cúspide del comercio europeo a través del Canal de la Mancha. El rey Atelstán promovió el comercio internacional y las relaciones positivas al hacer que los miembros femeninos de su familia se casaran con familias importantes de Europa continental.

En casa, se mantuvo una estricta jerarquía de clases sociales, con la Casa Real de Wessex en la parte superior y una multitud de siervos en la parte inferior.[69] Era lo mismo que en el resto de la antigua Europa con sirvientes contratados que proporcionaban la mano de obra prácticamente libre necesaria para apoyar una economía y un ámbito político en crecimiento. El trabajo de Atelstán, sus administradores, la nobleza, la gente libre y los siervos del siglo X fueron incalculables en su valor para la Gran Bretaña contemporánea y futura, incluso a pesar de las dificultades que estaba a punto de enfrentar.

---

[69] Piggott, S. y Thirsk, J. - Editores. *La historia agraria de Inglaterra y Gales: Volumen 1, Parte 1, Prehistoria. 1981.*

Capítulo 13 - La Conquista Normanda

Si tuviéramos que resumir esta nueva sociedad en una sola palabra, podríamos describirla como feudal, pero solo si estuviéramos preparados para un brote de desmayos entre los historiadores medievales.

(Marc Morris, La conquista Normanda: la Batalla de Hastings y la Caída de la Inglaterra Anglosajona)

Incluso los vikingos habían entrado en la era cristiana, aunque lentamente y sin adherirse estrictamente a los principios establecidos por Roma. Sus intrépidos compañeros en Normandía, un pequeño reino franco en la costa sur del Canal de la Mancha, también lo habían hecho, tal vez de manera más voluntaria que sus antepasados en el norte. En el siglo XI EC, los normandos eran cristianos francófonos, pero de ninguna manera habían renunciado a su antigua tradición de saqueo y conquista.[70]

En 1028 EC, un descendiente de Rollo, el primer jefe vikingo-normando, nació de Robert I, duque de Normandía.[71] Aunque era

---

[70] Miller, C. y Miller, J. War: Historia y filosofía de la guerra. 2017.

[71] Cawthorne, Nigel. Reyes y reinas de Inglaterra. 2009.

ilegítimo, ese niño, Guillermo, sucedió a su padre como el próximo duque de Normandía en la infancia.[72] Varios miembros de la familia real discutieron sobre quién debería gobernar en lugar de Guillermo, pero en última instancia, gracias al hecho de que el joven duque tenía el apoyo del público, permaneció en el poder hasta su edad adulta.

Dado que el ducado de Normandía todavía era responsable ante el Reino de los francos, el poder de Guillermo terminó en las fronteras, y eso no fue lo suficientemente adecuado para él. Al darse cuenta de que necesitaría más influencia política para mantenerse en el poder y prosperar, el duque se casó con Matilda de Flandes, heredera de un reino holandés vecino. Reuniendo un ejército con la ayuda de la familia de su esposa, Guillermo arrebató el control de Normandía a los francos. Poco después, también anexó el condado de Maine.[73]

Debido a su herencia real, legítima o no, Guillermo de Normandía logró vincular sus raíces familiares al trono inglés. Al otro lado del Canal de la Mancha, el Rey Eduardo el Confesor había muerto tras una rebelión y posterior destierro de su propia corte. Sin hijos, el trono inglés solo podía caer ante uno de los dos principales candidatos, ambos relacionados con Eduardo. El primero era Harold de Godwinson, conde de Wessex y Hereford. El segundo era Guillermo de Normandía. Aunque Guillermo afirmó que Eduardo le había prometido la corona, Harold fue coronado inmediatamente después de la muerte de Eduardo en Enero de 1066.[74]

William no tenía intenciones de inclinarse ante Harold como el Rey de Inglaterra, y sabía que, según la ley del país, tenía la línea de sangre necesaria para gobernar. Decidido a tomar el trono de Harold, Guillermo reunió un ejército y una flota de barcos y se dirigió a Inglaterra. No fue el único en hacerlo, Tostig, hermano de Godwinson, y el rey Harold III de Noruega también competían por el

---

[72] Cawthorne, N. Rey y Reina de Inglaterra. 2011.

[73] Evensen, S.T. El gen altruista - Revisitado: sobre acciones, eventos e impactos. 2019.

[74] Grossman, M. Líderes militares mundiales: un diccionario biográfico. 2007.

trono. En Septiembre de 1066, cada contendiente marchó sobre Britania.[75]

Godwinson estaba preparado. Derrotó tanto a su hermano como a Harold III en la batalla del Puente de Stamford el 25 de Septiembre. Con los dos usurpadores potenciales muertos en la lucha, solo Guillermo seguía siendo un candidato para la corona. Se mudó con confianza, aterrizando su flota en Pevensey en el sur de Inglaterra. Allí, estableció su campamento base. El rey Harold marchó hacia el sur para encontrarse con los invasores y se encontró con su enemigo justo al norte de Hastings, a unos 17.7 kilómetros (11 millas) de la costa desde el campamento original de Guillermo en la playa. Era el 14 de Octubre cuando las dos partes se enfrentaron en una batalla de 12 horas desde la mañana hasta el anochecer.

Luchando con alrededor de 8.000 tropas, en su mayoría soldados de infantería, contra la colección de Guillermo de aproximadamente 10.000 combatientes compuestos por soldados de caballería, arqueros e infantería, el Rey Harold se encontró en desventaja.[76] En repetidas ocasiones, parecía tener la ventaja cuando las tropas de Guillermo huyeron del campo de batalla aterrorizadas, pero esto resultó ser solo una táctica de batalla. Los normandos solo pretendían huir en un intento de incitar a los ingleses a perseguirlos y así romper su poderoso muro de escudos. Estas tácticas no fueron particularmente exitosas, pero las fuerzas de Guillermo aún tenían la ventaja. Temprano por la noche, el rey Harold fue asesinado, y poco después, la batalla terminó.[77]

Guillermo el Conquistador, como es conocido más comúnmente por los lectores actuales, fue coronado rey de Inglaterra el día de Navidad de 1066, y aunque su gobierno no fue indiscutible, sí perseveró. Bajo el título del Rey Guillermo I, construyó docenas de

---

[75] Marren, P. 1066: Las batallas de York, Stamford Bridge y Hastings. Web.

[76] Powell, John. La guía de Magill para la historia militar. 2001.

[77] Ibid.

castillos en sus nuevas tierras, incluida la famosa Torre de Londres.[78] Al igual que los británicos de la Edad de Hierro, estos castillos fueron construidos en las cimas de las colinas y rodeados de una zanja y una colina rodeada para su fortificación.

Guillermo no fue solo el primer rey normando de Inglaterra, también fue el hombre responsable del fin del dominio anglosajón sobre todos los reinos unificados de Wessex, Mercia, Northumbria y Anglia Oriental. Este fue un cambio político y cultural importante durante el cual se impartieron una variedad de costumbres francesas a la gente conquistada. Guillermo y su corte, así como la nueva clase aristocrática de normandos, hablaban francés y registraban sus documentos oficiales de la misma manera. Una jerarquía apareció entre los anglófonos y los francófonos, siendo este último grupo el más rico e influyente.

Guillermo no cambió gran parte del sistema administrativo local que había tomado de los anglosajones, sino que simplemente colocó a su propia gente en los puestos existentes.[79] Los normandos ahora estaban a cargo de todo, desde la recaudación de impuestos hasta la presidencia de los tribunales ingleses. Guillermo confiscó tierras de toda la nobleza inglesa que había luchado con el rey Harold y las redistribuyó a sus propios nobles normandos. En un intento por infiltrarse completamente en Inglaterra con un número relativamente pequeño de normandos, dividió las tierras nobles en todo el país en lugar de concentrar las propiedades de cada noble en un gran bloque.[80] En cuanto a las familias inglesas adineradas que quedaron, Guillermo lo arregló todo para que sus hijos e hijas se casaran con los normandos. Al alentar tales matrimonios, el rey Guillermo I se aseguró de que las generaciones futuras que vivían en Inglaterra

---

[78] Morris, M. Castles: su historia y evolución en la Gran Bretaña medieval. Web.

[79] Kishlansky, M. A., Geary, P. J., O'Brien, P. civilización en Occidente, Volumen 1. 2001.

[80] Paxton, Jennifer Ph.D. "La historia de la Inglaterra medieval: del rey Arturo a la conquista de los Tudor". LOS GRANDES CURSOS. 2010.

pudieran rastrear su herencia tanto a la cultura anglosajona como a la cultura normanda.

La documentación más increíble de la regla inglesa de Guillermo es *The Domesday Book*, en el que cada condado de Inglaterra estaba en la lista y estaba acompañado de un minucioso inventario de cada animal, barril de grano, casa y artículo de valor.[81] El rey solicitó este documento masivo, que todavía existe en la actualidad, con el fin de determinar lo que debería esperar ganar en impuestos de cada condado, así como para enumerar todas las deudas que se le debían al rey anterior.

Como resultado de la conquista normanda, miles de nobles ingleses huyeron a Irlanda, Escocia, Escandinavia y el Imperio bizantino, estableciendo una dispersión de asentamientos conocidos como Nueva Londres y Nueva York. Los granjeros y trabajadores, sin medios para emprender viajes tan costosos, permanecieron y fueron atrapados en el sistema feudal del nuevo rey. Al convertirse en sirvientes por contrato de la Corona, los desfavorecidos de Inglaterra se pusieron a trabajar creando comida para la corte de Guillermo a cambio del derecho a vivir en las tierras del rey y mantener suficiente comida para su propio uso. La esclavitud formal, por otro lado, experimentó un profundo declive.

Guillermo I fue sucedido en el trono inglés por su hijo, Guillermo II, que fue seguido por su hermano, Enrique I. Enrique, a su vez, debía ser sucedido por su hija, la emperatriz Matilda. Sin embargo, el trono fue usurpado por el sobrino de Enrique, Stephen de Blois, y, posteriormente, la disputa entre Matilda y Stephen arrojó a Inglaterra a una guerra civil.[82] El hijo de Matilda, Henry de Anjou, fue nombrado sucesor de Stephen gracias a la intervención de la Iglesia Católica, y se convirtió en el rey Enrique II de Inglaterra en 1154.[83] Él fundó la larga dinastía Plantagenet. Durante el gobierno de los

---

[81] Darby, H.C. *Domesday England*. 1977.
[82] "Stephen and Matilda." *Royal.uk*. Web.
[83] "Henry II 'Curtmantle.'" *Royal.uk*. Web.

Plantagenets, los tribunales y la aristocracia de Inglaterra eliminaron gradualmente el uso del francés, aunque ya se había mezclado con el idioma anglosajón para formar el inglés medio.

Los Plantagenets llevaron a Inglaterra a la Edad Media para mezclarse con Irlanda, Gales, Escocia, el reino de los francos y su aliado más venerado, el Sacro Imperio Romano. Grandes cambios se avecinaban una vez más, y esta vez, comenzaron en Italia.

Capítulo 14 - Marco Polo y la Italia Renacentista

Ya sabes lo que dijo el hombre: en Italia, durante treinta años bajo los Borgia, tuvieron guerra, terror, asesinatos y derramamiento de sangre, pero crearon a Miguel Ángel, Leonardo da Vinci y el Renacimiento. En Suiza, tenían amor fraternal, tenían quinientos años de democracia y paz, ¿y qué produjo eso? El reloj cucú.
(Graham Greene, El Tercer Hombre)

El Renacimiento, según lo propuesto por los historiadores occidentales, es el período de la historia que sigue prominentemente a la Edad Media europea. Utilizado por primera vez en el siglo XVIII, el término "Renaissance" significa "renacimiento" en francés.[84] Este renacimiento se refiere a un retorno consciente a las ideas y a la metodología de la Antigüedad clásica, es decir, los griegos y los romanos, en quienes se fijó gran parte de la población europea de los siglos XIII al XVI. Similar a la antigüedad clásica, los clasicistas renacentistas aparecieron por primera vez en el Mediterráneo. La República de Florencia y la República de Venecia estuvieron a la vanguardia de este movimiento.

---

[84] Thackeray, Frank W. and John. E. E. Findling (editores). Eventos que cambiaron el mundo a través del siglo XVI. 2001.

Uno de los innumerables productos maravillosos de la Venecia renacentista fue un hombre llamado Marco Polo. Nacido en 1254 en una familia de comerciantes, Marco Polo aprendió la importancia y el arte de importar y exportar de su padre y tío, Niccolò y Maffeo.[85] La familia viajó extensamente para adquirir artículos inusuales y muy solicitados en todo el oeste de Asia que podrían vender de manera rentable en Venecia. La Ruta de la Seda los atrajo, y la mayor parte de sus años los pasó atravesando Asia y haciendo negocios en los exóticos reinos de India, Asia Menor, Mongolia y China. El té, el oro, las perlas, las drogas, el marfil, las especias, las joyas y, por supuesto, los textiles de seda fueron sus productos preferidos, tan valiosos en Asia como en Europa.[86]

En la corte de Kublai Khan, el líder de los mongoles de Asia Central, Marco Polo encontró la extravagancia y el lujo que no había esperado. Para los occidentales, los mongoles eran considerados un pueblo bárbaro y sanguinario, en la corte, sin embargo, los Polo descubrieron que su prejuicio era infundado. Al igual que los reyes de Occidente, Kublai Khan vivió en un esplendor arquitectónico, rodeado de objetos hermosos y ornamentados de gran valor monetario. En la ciudad capital de Khan, Cambaluc, las paredes estaban cubiertas de oro y plata, y el comedor podía albergar a 6.000 invitados.[87] Miles de leones, leopardos, jabalíes y elefantes deambulaban por los jardines. Mencionó Marco Polo de la ciudad y sus muchos rinocerontes: "Tienen elefantes salvajes y muchos unicornios, que son apenas más pequeños que los elefantes".[88]

Kublai Khan valoraba enormemente el conocimiento del mundo fuera de su reino, y descubrió que la familia de comerciantes de Polo era una fuente interminable de información y entretenimiento.

---

[85] Zelenyj, Alexander. *Marco Polo: Por tierra a China*. 2006.

[86] Hanif Raza, M. E. Findling (editores). *Eventos que cambiaron el mundo a través del siglo XVI*. 1996.

[87] MacFarquhar, Roderick. *La ciudad prohibida*. 1972.

Insistió en que se quedaran en la corte con él, y toda la familia se quedó por un tiempo, incluso se mudó con toda la corte de Shangdu a Cambaluc. Sin embargo, el negocio familiar era venerado por los patriarcales Polo, y en poco tiempo, el tío y el padre de Marco decidieron seguir adelante. Notaron el deseo del joven Marco de quedarse atrás con el Khan como una forma bienvenida de permanecer en las buenas gracias de Kublai Khan. Niccolò y Maffeo volvieron a los negocios viajando por toda Asia, dejando a Marco en la corte de Khan entre miles de otros servidores y administradores.[89]

Marco Polo pasó más de dos décadas con los mongoles.[90] Después de ganarse la confianza del poderoso Khan, Polo tuvo la capacidad de viajar extensamente por todo el territorio mongol en tareas administrativas que podrían haber incluido la recaudación de impuestos e incluso la gobernación de Hangzhou, una ciudad china anexada bajo el gobierno de Kublai Khan.[91] Fue el primer europeo en congraciarse tan profundamente en una cultura completamente extranjera que cuando finalmente regresó a Venecia en 1299 con un libro que detallaba sus aventuras, se convirtió en el explorador más famoso de la época.[92]

Los hechos y los personajes del libro, *Los Viajes de Marco Polo*, eran tan exóticos y fuera de lo normal para los lectores en Italia y Europa que, a pesar de su inmenso éxito, a menudo se consideraba una ficción gloriosa. De hecho, incluso algunos historiadores e investigadores modernos cuestionan los detalles del libro de Polo, que en realidad fue escrito por Rustichello da Pisa, pero esa primera impresión del Lejano Oriente sigue siendo una parte importante de la

---

[88] Polo, Marco. Citado en Marco Polo de Alexander Zelenyj: Por tierra a China. 2006.

[89] McNeese, Tim and William H. Goetzmann. *Marco Polo y el reino de Kublai Khan.* 2009.

[90] "Marco Polo y sus viajes". Silk Road Foundation. Web.

[91] Ibid.

[92] Ibid.

historia de la civilización occidental. Quizás fue incluso una de las inspiraciones fundamentales detrás del creciente interés en la educación superior, un aspecto crucial del Renacimiento. Aunque los viajes de Marco Polo y las representaciones escritas del fascinante lado lejano del mundo despertaron el anhelo de conocimiento y descubrimiento en los venecianos y otros europeos, Italia fue atacada por una terrible peste a mediados del siglo XIV, lo que restringió cualquier expedición de este tipo.

La peste negra fue tan grave y generalizada que mató a aproximadamente un tercio de la población de Europa. La República de Florencia y la República de Venecia estaban entre las peores ciudades de la peste de Europa. En Florencia, el 60 por ciento de la población murió en unos pocos meses.[93] Agnolo di Tura, un historiador de Siena, Italia, registró sus experiencias con la enfermedad:

> Todos los ciudadanos hicieron poco más que llevar cadáveres para enterrar [...] En cada iglesia cavaron pozos profundos hasta las aguas subterráneas, y así, los pobres que morían durante la noche eran atados rápidamente y arrojados al pozo. En la mañana, cuando se encontraban una gran cantidad de cuerpos en el pozo, tomaban algo de tierra y la arrojaban encima de ellos, y posteriormente se colocaban otros encima de ellos y luego otra capa de tierra, tal como se hace una lasaña con capas de pasta y queso.[94]

Los italianos medievales perseveraron, y cuando el número de muertos finalmente comenzó a disminuir, los florentinos y venecianos avanzaron entusiasmados al nuevo comienzo. Adoptaron el arte, la arquitectura, la literatura y la ciencia una vez más, como lo hicieron sus primeros antepasados romanos un milenio antes. Algunos de los eruditos más influyentes del mundo, incluidos Leonardo da Vinci y

---

[93] Ibid.

[94] Di Tura, Agnolo. Citado en La muerte negra de William M. Bowsky: ¿un punto de inflexión en la historia? 1971.

Miguel Ángel, encapsulan perfectamente los ideales clásicos perdidos de literatura, arte, filosofía y ciencia. Ellos inspiraron el término "Hombre del Renacimiento". Gracias a los ejemplos épicos establecidos por Marco Polo y sus colegas italianos, Europa en su totalidad se trasladó al período del Renacimiento aproximadamente un siglo después, abriéndole las puertas al arte, la literatura, la exploración y la filosofía de nuevo.

Capítulo 15 - Juana de Arco

Del amor u odio que Dios tiene por los ingleses, no sé nada, pero sí sé que todos serán expulsados de Francia, excepto aquellos que mueran allí.

(Jeanne d'Arc, traducción de los registros del juicio del 15 de Marzo de 1431)

Mientras que la República de Venecia floreció con filosofía y arte, Europa occidental se declaró una incesante guerra contra sí misma. La casa inglesa de Plantagenet y la casa francesa de Valois habían estado luchando por el derecho a gobernar Francia desde 1337 en la Guerra de los Cien Años, y todavía lo estaban haciendo a mediados del siglo XV. Los reyes ingleses que siguieron los pasos dinásticos de Guillermo el Conquistador reclamaron los derechos sobre la tierra en Normandía, Anjou y otras partes del reino francés, a pesar de que habían estado políticamente separados de esas regiones desde 1204.[95] La Casa de Valois, totalmente francesa y en posesión de la mayoría de las tierras en disputa, no cedería ante las demandas inglesas.[96]

En los 500 años que habían pasado desde que Francia, Normandía e Inglaterra se convirtieron en allegados a través de la conquista, las

---

[95] Felipe II de Francia conquistó Normandía para Francia en 1204.
[96] Tout, T.F. *La historia de Inglaterra*. 1969.

familias reales de cada región se casaron con frecuencia y de manera estratégica para que cualquiera de ellos pudiera reclamar prácticamente toda Inglaterra y Francia. El resultado fue una guerra constante entre los reinos y las fronteras siempre cambiantes que delinean Inglaterra y Francia. Hasta 1430, había poca esperanza a la vista para los ciudadanos y soldados de ambos lados, ya que los sucesivos monarcas insistieron en cumplir los deseos de sus predecesores.

La heroína de la Guerra de los Cien Años fue una joven llamada Jeanne d'Arc, conocida como Juana de Arco.[97] Nacida en Domrémy, Francia, en 1412, creció en una familia de agricultores pobres que ni siquiera era propietaria de la tierra en la que cultivaban. Devotamente católica y en su mayoría aislada durante su juventud, Juana de Arco fue educada principalmente por su madre. Estaba trabajando junto a su familia cuando, en 1422, una serie de muertes monárquicas dejaron los tronos de Inglaterra y Francia en manos del infante rey Enrique VI de Inglaterra.[98] El difunto y supuestamente demente rey francés, Carlos VI, había desheredado a su propio hijo, Carlos VII, a favor del monarca inglés.

Juana de Arco, después de experimentar una serie de visiones religiosas, se vio obligada a hablar con Carlos VII, que todavía se consideraba rey de Francia. Según la joven, San Miguel, Santa Catalina y Santa Margarita la visitaron durante una visión e insistieron en que se pusiera en contacto con Carlos VII y le pidiera permiso para dirigir el ejército francés. Juana estaba convencida de que había sido elegida por Dios para guiar a su pueblo, es decir, el francés católico, a la victoria en la batalla. Una vez que hubiera vencido a los ingleses, restablecería a Carlos como el gobernante incuestionable de toda Francia.

Por supuesto, contactar a un rey no era algo que la guardia real de Francia permitiera hacer a una pobre campesina. Se esforzó por ver a

---

[97] Bartolotta, K.L. *La Inquisición: La búsqueda del poder religioso absoluto.* 2017.
[98] "Henry VI." *Royal.uk.* Web.

Carlos de cualquier manera, siguiendo las voces y las instrucciones en sus visiones al pueblo de Vaucouleurs a unos 300 kilómetros (186 millas) al este de París. Allí esperó varios meses, entre los años 1428 y 1429, hasta que su creciente popularidad entre los aldeanos llamó la atención del líder del cuartel militar local, Robert de Baudricourt.[99] Baudricourt le otorgó a la joven piadosa un caballo y una escolta para encontrarse con Carlos VII en su corte.

Después de sentirse satisfecho de ver que Juana era al menos una joven católica de corazón puro con los mejores intereses para él y para Francia, Carlos equipó a su extraña visitante con armaduras y armas y la envió al campo de batalla en Orléans. Segura y confiada, Juana le afirmó a su patrón que le daría una señal de Dios cuando llegara a la ciudad. Unas semanas después de que ella se uniera a las tropas francesas allí, los ingleses fueron derrotados. Según el clero presente, la rendición de los ingleses fue la señal de Dios que Juana había prometido.

La historia de la joven con visiones de Dios cautivó al pueblo de Francia, desde los agricultores más pobres y los comerciantes de la aldea hasta los miembros más poderosos del ejército y la aristocracia. La familia real y el pueblo de Francia habían sido fieles a la Iglesia católica desde los primeros días del Sacro Imperio Romano y Carlomagno. La educación religiosa fue el tipo de estudio más destacado que emprendieron los jóvenes, y su creencia en las doctrinas cristianas era firme. La historia de Juana impulsó la simpatía y el orgullo de toda su nación y alentó al ejército francés a asaltar a las fuerzas inglesas en sus tierras y expulsarlas para siempre.

Ante la insistencia de Juana de Arco, Carlos VII fue a Reims para ser coronado rey de Francia en Julio de 1429. Inglaterra, sufriendo su propia sucesión interna entre facciones rivales de la Casa gobernante de Plantagenet, sostuvo que toda Francia todavía estaba en posesión del niño rey Enrique VI. Las fuerzas inglesas lucharon por recuperar la tracción en Francia con tantas luchas internas en casa, sin embargo,

---

[99] Orgelfinger, G. Juana de Arco en la imaginación inglesa, *1429–1829*. 2019.

sus aliados en la región francesa de Borgoña ayudaron a mantener el esfuerzo de guerra. Cuando Juana de Arco fue lanzada de su caballo en una batalla a las puertas de Compiègne, los burgundios la tomaron como prisionera y la vendieron a los ingleses en Normandía.[100]

Inglaterra estaba considerablemente agradecida por la oportunidad de derrotar a la Sagrada Doncella de Orleans, como la llamaban a menudo, y sus legisladores la sometieron a varios meses de interrogatorio mientras permanecía en una prisión militar. El juicio pronto se entregó al clero inglés, quien insistió en que Juana era una hereje. Le indicaron al soldado de 19 años que era contra la ley de Dios que una mujer se vistiera como un hombre, a lo que ella respondió que no era más que una "cosa insignificante" a los ojos del Señor. Además, mientras estaba encarcelada, Juana consideró que era necesario usar pantalones gruesos de cuero, ya que la protegía de las insinuaciones de guardias mal intencionados. Sin embargo, fue la prueba más condenatoria para un tribunal de hombres híper-religiosos que creían que existían diferencias fundamentales en los roles de hombres y mujeres.

El juicio fue principalmente motivado políticamente, ya que el tribunal inglés deseaba burlarse de la llamada Salvadora de Francia. Finalmente, Juana de Arco fue declarada culpable de herejía por el clero inglés y condenada a muerte.[101] Fue quemada públicamente en la hoguera el 30 de Mayo de 1431, en Rouen, la capital de Normandía.[102] Ella pidió que el clero sostuviera cruces a su alrededor mientras el fuego ardía, y ellos obedecieron, permaneciendo allí mientras ella ardía hasta morir. Cuando el fuego se apagó, las cenizas fueron recogidas y quemadas dos veces más para asegurarse de que no hubiera rumores de la fuga de Juana.

Incluso después de su muerte, la legendaria historia de Juana de Arco vivió en los corazones de los franceses. Había logrado inspirar a

---

[100] Ibid.

[101] Barstow, A.L.Joana de Arco: Hereje, Místico, Chamán. 1986.

[102] Ibid.

ejércitos enteros de hombres a unirse a la lucha contra Inglaterra y reavivar la esperanza de poner fin a la guerra. La serie de batallas que siguieron a la victoria francesa en Orleans durante los siguientes 22 años fueron decisivas. Las fuerzas de Carlos VII conquistaron Normandía y Aquitania, dejando solo Calais a los ingleses en 1453.[103] Felipe el Bueno de Borgoña cambió de bando y decidió apoyar a Carlos VII como el verdadero Rey de Francia, momento en el cual la Guerra de los Cien Años llegó a su fin logísticamente. Se librarían más batallas, pero el dominio de Inglaterra sobre Europa continental había prácticamente terminado.

La Iglesia Católica volvió a investigar el caso de Juana de Arco de 1452 a 1456 y decidió póstumamente que no solo era inocente, sino también una mártir de su causa.[104]

---

[103] Allmand, C. *La Guerra de los Cien Años: Inglaterra y Francia en la guerra C.1300-c.1450*. 1989.

[104] "Juana de Arco". Enciclopedia del Nuevo Mundo. Web.

Capítulo 16 - Isabel I de Castilla

Asumiré el compromiso por mi propia corona de Castilla, y estoy dispuesta a empeñar mis joyas para sufragar los gastos, si los fondos del tesoro se consideran inadecuados.

(Reina Isabel I)[105]

Los gobernantes españoles observaron cómo la obediencia al Sacro Emperador Romano y la Iglesia Católica unificaron Francia y gran parte de Europa Central, y buscaron hacer el arreglo por sí mismos. A principios del siglo XV, los reinos de la península ibérica apenas estaban unidos, constituidos por Aragón, Castilla y Portugal que rodean el Océano Atlántico. El reino de Castilla fue el más importante, extendiéndose desde la cima de la península hasta el sur, casi llegando a la superficie de África. Portugal era relativamente del mismo tamaño que hoy en día, pero el sur de la España actual estaba habitado por el reino de Granada, y la sección oriental contenía los reinos de Aragón, Navarra y Cataluña. En el mar Mediterráneo se encontraba el reino de Mallorca.

Presunta heredera de la corona de Castilla, la princesa Isabel tenía un carácter notoriamente audaz y determinante que exigía el respeto de todos los que conocía, ya fueran dignatarios o sirvientes

---

[105] Isabel de Castilla, citada por William C. King en Woman: Her Position, Influence, and Achievement, 1903.

extranjeros. Su motivación fundamental en la vida era demostrar su fe en la Iglesia Católica y guiar a los cristianos de su reino a la gloria en el nombre de Dios. Como mujer, se suponía que su primer deber con su reino era unirlo con otro a través de un matrimonio político. Su hermano Enrique IV, rey de Castilla, había acordado hacer de Isabel su heredera si se casaba con quien él eligiera. Sin embargo, tuvo dificultades con esta estipulación.

Habiendo rechazado la propuesta matrimonial de Alfonso V de Portugal en 1465 y rezando para que Dios interviniera en su compromiso con el general militar Pedro Girón Acuña Pacheco poco después, Isabel solo buscaba un marido similar a ella en fe y ambición política.[106,107] Milagrosamente, al menos desde el punto de vista de Isabel, Pacheco murió de una enfermedad repentina de camino hacia su encuentro. En 1469, la princesa estaba felizmente casada con su primera elección de esposo, Fernando II de Aragón. Fernando también era el heredero de la corona de su reino, lo que significaba que su unión conectaba las dos piezas más grandes y poderosas de España.

Cuando la devota Isabel heredó la corona de Castilla de su hermano en 1474, la compartió con Fernando sin dudarlo.[108] Tanto en su mentalidad como en su deseo de formular un plan para el futuro de España, los primeros pensamientos de la pareja eran la purificación religiosa de su pueblo. Muchos súbditos en Aragón y Castilla eran fieles al Papa católico, sin embargo, compartían la tierra con otros que practicaban religiones judías e islámicas. Antes de que pudieran transformar el paisaje religioso de España, los Reyes Católicos, llamados por sus pares, tenían que demostrar que podían conservar sus tronos.

Un año después de que Isabel y Fernando recibieran las coronas de Castilla, se convirtieron en víctimas de un complot para

---

[106] Gerli, E.M. – Editor. *Iberia medieval: una enciclopedia*. 2003.

[107] Meyer, C. *Isabel: Joya de Castilla*. 2000.

[108] Kilsby, J. *Acceso a la historia: España 1469-1598 Segunda edición*. 2015.

reemplazar a la nueva reina con su sobrina, Joanna. El rey Alfonso V de Portugal encabezó la posible usurpación al casarse con Joanna, la hija del difunto rey Enrique IV de Castilla, para capitalizar el reclamo de su novia de la corona de Castilla. Posteriormente declaró la guerra e invadió Castilla, solo para librar una guerra indecisa de un año que no oprimió ni favoreció a ninguna de las partes. Finalmente, Fernando II superó a sus enemigos al enviar un mensaje a las capitales de España y Europa de que sus propias tropas habían vencido a los portugueses en la batalla de Toro en Marzo de 1476.[109] Las celebraciones de los aparentes vencedores mitigaron los continuos esfuerzos del rey Alfonso, quien finalmente se retiró.

Para entonces, Isabel y Fernando habían tenido una hija, Isabel, princesa de Asturias. La reina apresuradamente hizo que su homónimo fuera nombrado oficialmente heredero aparente de Castilla, lo que solidificó su propio control sobre el trono. La guerra con Portugal no terminó hasta tres años después, cuando las fuerzas portuguesas derrotaron a las de Castilla en el mar cerca de Guinea. Después, los portugueses, que aún no habían logrado incursionar en Castilla en tierra, acordaron firmar un tratado y poner fin a los combates. Isabel insistió en ocupar el trono de Castilla, pero le ofreció a Alfonso todas las tierras en disputa en el Atlántico Norte, excepto las Islas Canarias. Se vio obligada a renunciar a la presunta propiedad de Portugal y aceptar que Joanna permanecería allí.

Con el problema de la sucesión y la invasión portuguesa, Isabel y Fernando podrían recurrir a su proyecto favorito: librar a España de los no católicos. Estos eran en su mayoría miembros del islam y personas de la fe judía, los cuales habían estado presentes en España durante muchos siglos antes de que existieran los reinos de Castilla y Aragón.

Los musulmanes habían prosperado en España durante siglos, habiendo emigrado del norte de África alrededor del año 711 EC y

---

[109] Downey, K. Isabella: La Reina Guerrera. 2014.

derrocando a los visigodos reinantes de la región.[110] Durante siglos, su presencia en la península ibérica fue combativa. Los musulmanes moros, como se los llamaba, ocuparon las regiones del sur de España, mientras que los reinos cristianos ocuparon el norte.[111] A través de batallas sucesivas, los moros fueron oprimidos cada vez más al sur hasta que la mayoría de ellos ocupó el reino de Granada.

En cuanto a la población judía, habían vivido dentro de los reinos españoles desde la época romana. El régimen de los moros permitió al pueblo judío practicar libremente su fe, y prosperaron. El período de la historia española después de que los moros conquistaron a los visigodos católicos se conoce como la Edad de Oro de la cultura judía en España. Hacía mucho tiempo que Isabel y Fernando fueron coronados monarcas de Castilla y Aragón, pero gran parte de la fe judía aún vivía en la fragmentada España.

Para erradicar a los no cristianos de sus tierras, la nueva pareja de poder de Europa instauró la Inquisición Española. Sus inquisidores designados fueron movilizados en todo el país y se les otorgó un poder legal para obtener la información que fuera necesaria. Oficialmente, el propósito de la Inquisición era encarcelar o ejecutar a los no cristianos y buscar a la población judía y musulmana que había sido bautizada bajo la ley cristiana. Isabel y Fernando creían que los conversos recientes al cristianismo todavía practicaban sus propias ceremonias y servicios religiosos en secreto, y querían que ese comportamiento fuera severamente castigado.

La Inquisición dividió los dos reinos, atemorizando a cristianos y no cristianos por igual. Los inquisidores ponían su mirada en todos sin distinción, intentando determinar con pruebas las acusaciones de herejía. Las personas declaradas culpables de blasfemia o mala conducta contra la Iglesia Católica fueron encarceladas, torturadas, sancionadas o ejecutadas. Algunas de las miles de víctimas de la Inquisición fueron quemadas públicamente hasta la muerte como un

---

[110] Hazbun, G. Narrativas de la conquista islámica de la España medieval. 2015.
[111] Ibid.

recordatorio para los ciudadanos de lo importante que era convertirse y seguir siendo un buen cristiano.[112] Decenas de miles de personas fueron interrogadas por los inquisidores, y la mayoría de ellos fueron liberados después de ser declarados inocentes de crímenes contra la Iglesia o la Corona. Del rey y la reina, se decía que Fernando II era más propenso a la misericordia, mientras que Isabel I solía inclinarse por la sentencia. La reina cultivó una reputación como gobernante con puño de hierro cuyos objetivos principales de purificación superaron su creencia en la compasión por los inocentes.

Mientras reinaba el terror de la Inquisición dentro de las fronteras de Aragón y Castilla, Isabel volvía su mirada hacia el resto de España. Ella sentía que si su reinado tenía el impacto y el significado profundo que deseaba, tendría que conquistar y bautizar a toda Iberia. Su objetivo se hizo posible cuando, en 1479, Fernando se convirtió en rey de Aragón tras la muerte de su padre.[113] Con el control total de los recursos militares y financieros de Aragón, Fernando respaldó por completo a su esposa cuando declaró la guerra al reino de Granada menos de tres años después. La campaña militar contra la fortaleza árabe duró diez años en total, aunque las batallas se libraron principalmente durante la primavera de esos años. Para el 2 de Enero de 1492, Muhammad XII de Granada admitió la derrota de sus enemigos católicos y abandonó su palacio y la ciudad de Granada. Todos los moros y judíos dentro del reino anexado se vieron obligados a convertirse inmediatamente al cristianismo o enfrentar la deportación.

Por supuesto, para 1492 Isabel tenía más territorios que controlar además de ello dentro de los confines de Europa.

---

[112] Murphy, C. Jurado de Dios: La Inquisición y la Creación del Mundo Moderno. 2012.

[113] Faiella, G. España: una guía cultural de origen primario. 2004.

Capítulo 17 - La Era del Descubrimiento

Creo que fue la voluntad de Dios que volviéramos, para que los hombres pudieran saber las cosas que hay en el mundo, ya que... ningún otro hombre, cristiano o sarraceno, mongol o pagano, ha explorado tanto el mundo como Messer Marco, hijo de Messer Niccolo Polo, gran y noble ciudadano de la ciudad de Venecia.
(Marco Polo, Libro de las Maravillas del Mundo)

El Renacimiento trajo consigo un anhelo de conocimiento y un firme deseo de observar todo lo que el mundo tenía para ofrecer. Los reinos importantes con recursos para financiar misiones exploratorias a través de la tierra y el mar aprovecharon sus oportunidades tanto en un intento por frenar la posible propagación colonial de sus vecinos como por hacer descubrimientos genuinos. Como siempre, la ganancia financiera era más importante que el descubrimiento por el bien del descubrimiento, entonces, fue con el comercialismo en mente que los monarcas enviaron a sus oficiales navales más hábiles a tales expediciones.

El comercio y la exploración internacional no eran nada nuevo para la gente del Mediterráneo, ya que los griegos habían sido absorbidos principalmente por el Imperio Otomano Turco. El Sacro

Imperio Romano también era un veterano en las empresas marítimas, pero su estructura interna estaba demasiado fragmentada para organizar una aventura internacional. La República de Venecia ya había acaparado el mercado de las especias asiáticas y no estaba preparada para dejar el status quo. Los Países Bajos y Escandinavia estaban principalmente distraídos por su participación en guerras religiosas, y eso dejó la mayor parte de la exploración en manos de Europa occidental.

Las naciones occidentales del continente habían estado excluidas durante mucho tiempo de la emoción de la exploración en el extranjero debido a su posición alejada del centro de tránsito del Mediterráneo, pero con las tecnologías de envío actualizadas, estaban ansiosas por compensarlo. Las antiguas rutas comerciales por tierra en dirección a Asia dieron a los capitanes de los barcos la excusa que estaban buscando para navegar hacia el este. Las especias asiáticas, el té y las sedas eran inmensamente populares entre los europeos aristocráticos, y los comerciantes perderían su sustento si no se podían reemplazar las viejas rutas.

Portugal, una nación marinera tradicionalmente fuerte, se puso en marcha antes que sus coetáneos. En la primera parte del siglo XV, el Príncipe Enrique el Navegador comenzó a navegar por el oeste de África, fundando pueblos portugueses y ampliando sus mapas existentes. Fernão Gomes retomó donde el príncipe Henry lo había dejado y desarrolló aún más el comercio portugués con África, lo que resultó en pimientos, polvo de oro y esclavos extranjeros. El comercio de esclavos resultó ser una gran bendición financiera para la empobrecida corona portuguesa, pero aún quería encontrar una manera de comerciar directamente con la India.

En busca de la India, Cristóbal Colón, un explorador italiano, tomó una solución específica: navegaría hacia el oeste en lugar de hacia el este y llegaría a la India desde su costa oriental. Después de años de peticiones, el rey Fernando y la reina Isabel de Castilla decidieron darle a Colón la oportunidad que tanto deseaba. En 1492, zarpó hacia India y 79 días después pisó una isla en las Bahamas.[114] Al principio, creyendo que los nativos que había allí eran indios, los llamó "Indios". Es difícil decir cuándo se hizo evidente que Colón y su tripulación habían encontrado personas completamente diferentes: miembros del llamado Nuevo Mundo.

El descubrimiento de un continente completamente desconocido no tenía precedentes. El rey Juan II de Portugal puede haber perdido la oportunidad de reclamar todo el Nuevo Mundo para sí mismo, pero no dudó en enviar sus propios exploradores después de 1492 para capitalizar todo el oro que Colón afirmó haber encontrado allí. Otras naciones acudieron al oeste para verlo por sí mismas y reclamar una parte de los tesoros que yacían allí. España y Portugal fueron los primeros países europeos en instalar sus banderas en lo que se denominó América.

Estratégicamente, el rey Juan III (sucesor de Manuel I, heredero de Juan II) todavía tenía a la India en el punto de mira. Creía que podía llegar a la India navegando alrededor de África, pero sin ningún mapa correcto, su teoría no podía ser probada. Un marinero llamado Vasco da Gama asumió el desafío y rodeó África con éxito antes de tocar tierra en Calicut, India.[115] Con la ruta asegurada, el comercio con India comenzó formalmente, y Portugal se convirtió en la primera entidad europea en establecer allí su propio centro de comercio y fábricas.

Sin embargo, fue España la que más se benefició durante la Era de los Descubrimientos de Europa. El régimen brutal y violento en el país se reflejó en el extranjero en las Américas donde los conquistadores españoles, como Hernán Cortés, demolieron las culturas existentes y a sus líderes. Cortés dirigió un gran ataque contra la nación azteca de la actual Ciudad de México en 1521, reclamando

---

[114] Murdock, J.B. El crucero de Colón en las Bahamas, *1492*. Web.

[115] Koestler-Grack, R.A., Goetzmann, W.H. *Vasco Da Gama y la ruta del mar a la India.* 2006.

la ciudad y sus regiones aledañas para España.[116] Grandes cantidades de pueblos nativos fueron asesinados por orden de Cortés cuando se hizo cargo de la administración de la "Nueva España" de la corona española, que se extendió hasta América del Sur. Él y su gente despojaron a las ciudades de sus considerables objetos dorados y los enviaron de regreso a Europa para llenar los cofres del rey Carlos I de España (que también era el emperador del Sacro Imperio romano Carlos V).

La participación de Inglaterra en el Nuevo Mundo fue mínima al principio, al igual que la de Francia. La reina Isabel I de Inglaterra tuvo dificultades para enviar a sus oficiales navales y barcos más capaces a las Américas mientras se enfrentaba a la constante amenaza de guerra contra España. Sin embargo, a medida que España se hacía cada vez más rica y poderosa en el escenario internacional, los ingleses y los franceses no tuvieron más remedio que tratar de dividir lo que pudieron del Nuevo Mundo entre ellos. España y Portugal ya habían reclamado gran parte de México y Brasil, respectivamente, pero todavía había muchas tierras en el continente norte que aún no habían sido robadas para Europa.

Francia, Inglaterra, los Países Bajos, Dinamarca, Suecia, España y Portugal pasaron la mayor parte del próximo siglo acordando sus fronteras dentro de América del Norte y del Sur, mientras que las personas que ya habitaban esos continentes eran asesinadas, sometidas o se les prometían compromisos futuros. Finalmente, toda la masa de tierra fue reclamada bajo autoridad europea, y Portugal trasladó su ciudad capital a Río de Janeiro, Brasil.[117] Muchas personas de Alemania, Italia, Suecia, Dinamarca, los Países Bajos, Escocia y el pequeño Ducado de Curlandia navegaron hacia el oeste para construir sus propias colonias también, y todos ellos influyeron en el establecimiento de las Américas en la era actual.

---

[116] Zronik, J.P. Hernando Cortés: invasor español de México. 2006.

[117] Melvin Eugene Page, M.E. y Sonnenburg, P.M. Colonialismo: una enciclopedia internacional, social, cultural y política, Volumen 1. 2003.

Con la mayor parte del mundo asignada y dividida entre los estados más fuertes, la riqueza de Europa creció exponencialmente. También lo hizo la necesidad de su gente de ampliar su conocimiento del mundo cada vez mayor del que formaban parte.

Capítulo 18 - La Reforma

Desafortunadamente, ¿cómo pueden vivir las pobres almas en Concord cuando los predicadores siembran entre ellas debate y discordia en sus sermones? Buscan luz y traen oscuridad. Enmiende estos crímenes, le exhorto, y enuncio la palabra de Dios verdaderamente, tanto predicando de verdad y dando un buen ejemplo, o de lo contrario, Yo, a quien Dios designó aquí a su vicario y su alto ministro, veré cómo se extinguen estas divisiones y se corrigen estas enormidades...

(Rey Enrique VIII, *El Libro de los Mártires de Foxe*)

A mayor reverencia por la educación y la filosofía, más variedad descubrieron las personas en sus sistemas de creencias personales. La doctrina religiosa se sometió bajo el escrutinio ideológico de la aristocracia en cuya lealtad se había basado la Iglesia Católica durante siglos. Cuando las potencias europeas se dividieron en Norteamérica y Sudamérica, el frente interno ya estaba dividido en secciones de fortalezas católicas y reinos protestantes.

Los historiadores suelen señalar que la religión protestante adecuadamente nombrada comenzó en 1517 con la publicación del folleto de Martín Lutero, las *Noventa y Cinco Tesis*, también conocidas como *La Discusión sobre el Poder de las Indulgencias*.[118] Lutero, ciudadano de tierras alemanas dentro del Sacro Imperio Romano, esperaba inspirar una reorganización de la Iglesia Católica. El principal problema de Lutero con el catolicismo era la capacidad de las personas adineradas de comprar lo que la iglesia llamaba "indulgencias", que eran pagos en lugar de buenas obras destinadas a contrarrestar sus propios pecados.[119] Creyendo que esto era un uso inadecuado del poder, Lutero escribió a favor de eliminar lo que consideraba como un negocio rentable de la vida religiosa. Los funcionarios de la iglesia refutaron el trabajo de Lutero con vehemencia, y el hombre se encontró condenado al ostracismo y excomulgado por la iglesia en 1521.[120]

A pesar de estos desafíos, Martín Lutero había inspirado cambios en muchas personas importantes en Europa, particularmente en partes del Sacro Imperio Romano. El deseo abrumador de los estados alemanes del imperio de convertirse oficialmente en protestantes fue potencialmente devastador para el Sacro Imperio Romano, gobernado en ese momento por Carlos V.[121] Nieto de los mismos Reyes Católicos, Isabel y Fernando de España, el emperador del Sacro Imperio Romano, Carlos V, estuvo personalmente muy dedicado a la causa del catolicismo por el cual su familia había luchado tanto. Después de que el duque de Prusia, el duque de Hesse y el duque de Sajonia (gobernantes locales en todo el norte del Sacro Imperio Romano) se convirtieron al protestantismo, el papa Clemente VII llamó a Carlos V para detener la propagación del catolicismo en su reino.[122,123]

---

[118] Marshall, Peter. *1517: Martín Lutero y la invención de la Reforma*. 2017.

[119] Edwards Jr, Mark U. Printing, Propaganda y Martin Luther. 2004.

[120] Editores de History.com. "La Reforma". A&E Television Networks. Última actualización el 1 de septiembre de 2018.

[121] Randell, Keith y Russel Tarr. *Acceso a la historia: Lutero y la reforma alemana*. 2008.

[122] Michelet, Jules y Martín Lutero. *La vida de Martin Luther recogida de sus propios escritos*. 1846.

En 1530, Carlos V llegó a Augsburgo para reunirse con los duques y otros príncipes reinantes del Sacro Imperio Romano para discutir asuntos importantes, incluida la amenaza percibida para el catolicismo.[124] En Junio se convocó una asamblea en la que los gobernantes de los estados del Sacro Imperio Romano debían explicar sus reformas y prácticas luteranas al emperador.[125] La Confesión de Augsburgo estableció una base formal para las creencias de los luteranos en los "21 Principales Artículos de Fe". Esto fue seguido de siete "Abusos corregidos", una serie de declaraciones en las que sus seguidores creían que la fe luterana había mejorado la doctrina católica tradicional.

Como Martín Lutero había sugerido en *la Discusión sobre el Poder de las Indulgencias*, los artículos de fe luteranos declaraban que un cristiano solo podía ser redimido del pecado por buenas acciones y no por pagos a la iglesia. Los artículos también permitieron que los sacerdotes luteranos se casaran, así como que sus seguidores renunciaran a los ayunos y las fiestas religiosas.[126] En respuesta, Carlos V y los asesores del Vaticano escribieron un texto refutando la mayor parte del documento luterano, provocando otra respuesta de los líderes luteranos en forma de *La Disculpa de la Confesión de Augsburgo*. La *Disculpa* era un término inapropiado, ya que sus autores no pretendían tal cosa. *La Disculpa* se publicó por primera vez en 1531, menos de un año después de la Asamblea de Augsburgo. Pronto se redactó un segundo borrador, con aportes del propio Lutero, y fue firmado formalmente por los miembros de la recién formada Liga Schmalkaldic.[127] La Liga, compuesta por

---

[123] Robertson, William. *La historia del reinado del emperador Carlos V. 1809*.

[124] Lampart, Mark A. *Enciclopedia de Martin Luther y la Reforma. 2017*.

[125] Una "dieta" en este contexto se refiere a "la asamblea deliberativa general del imperio". Ibid.

[126] Ibid.

[127] Ibid.

príncipes luteranos del Sacro Imperio Romano, prometió unirse en caso de que Carlos V atacara a alguno de ellos.

En Inglaterra, el protestantismo estuvo a la vanguardia de la mente del rey Enrique VIII por una razón principal: el Divorcio. Su razonamiento probablemente tuvo muy poco que ver con un cambio de fe. El príncipe Tudor fue criado como católico, como era la norma en su reino, y según todos los realtos, era un verdadero creyente en sus enseñanzas religiosas. La verdadera razón por la que miró más allá de las reglas de la Iglesia Católica estaba relacionada con el hecho de que quería separarse de su esposa, Catalina de Aragón, debido al hecho de que ya había superado la edad de procrear. Enrique Tudor fue el último patriarca en busca de un hijo legítimo para gobernar Inglaterra después de su muerte. Y no se conformaría con nada menos.

Los protestantes (un término general utilizado para definir el luteranismo y otras religiones reformadas similares) podían divorciarse sin el consentimiento papal. Aunque el propio Martín Lutero no estaba a favor del rey inglés que se divorciaba de su esposa, Enrique finalmente encontró una manera de usar la Reforma a su propio favor. Designó a un aliado, Thomas Cranmer, en el puesto vacante del arzobispo de Canterbury y le hizo juzgar a favor de un divorcio real legal.[128] Para reforzar la decisión, Enrique se declaró jefe de la Iglesia de Inglaterra, poniendo fin a la autoridad del Papa. La separación de la Europa católica se logró, y ese mismo año, el rey Enrique se casó con su prometida novia, Ana Bolena. La familia de Bolena apoyaba la Reforma Inglesa, no en gran parte porque la realeza de Anne dependía de ello.

Por lo tanto, fue enteramente por caprichos del rey Enrique VIII que Inglaterra cambió de una nación católica estoica a un reino protestante a la vanguardia de la reforma religiosa europea. La Iglesia de Inglaterra mantuvo muchas semejanzas con el catolicismo romano y finalmente respondió a los decretos espontáneos del rey Enrique

---

[128] Wylie, James Aitken. *La historia del protestantismo*. 1882.

VIII en lugar de las doctrinas de Lutero o cualquier otro filósofo protestante de la época. Cuando la *Disculpa de la Confesión de Augsburgo* se tradujo al inglés en 1536 y se le ofreció a Enrique pertenecer a la Liga Schmalkaldic, el rey no se unió.[129] Ese mismo año, decapitó a su reina protestante por traición y se casó con su siguiente esposa, Jane Seymour, su tercera esposa de las seis que tuvo.[130]

---

[129] Ibid.

[130] Ridgeway, Claire. La caída de Anne Boleyn: una cuenta regresiva. 2015.

Capítulo 19 - La Iluminación

Ningún hombre ha recibido de la naturaleza el derecho de dar órdenes a otros. La libertad es un regalo del cielo, y cada individuo de la misma especie tiene derecho a disfrutarla tan pronto como disfrute de su razón.
(Denis Diderot, L'Encyclopédie)

Armado con alfabetización, libros, herramientas científicas, matemáticas complejas e ideologías políticas y religiosas en evolución, la Europa del siglo XVIII se consideraba bastante avanzada. Las clases medias de la tierra se habían expandido hasta tal punto que más ciudadanos que nunca pudieron obtener una educación básica y aprender cómo estaba organizado el mundo. Parecía que cada vez más, tanto la gente común como gran parte de la aristocracia podían estar de acuerdo en que las reformas eran necesarias para la mejora de todos. Una filosofía principal de la época fue la separación de la iglesia y el estado.[131]

Durante más de mil años, tanto los pobres como los aristocráticos se habían escondido bajo la inmensa sombra de la Iglesia Católica. Obedeciendo la idea de que seguir la iglesia y la ley de la monarquía era equivalente a salvar el alma, la vida de las personas había sido

---

[131] Negro, J. Europa del siglo XVIII, *1700-89*. 1990.

verdaderamente gobernada por sacerdotes, obispos, cardenales, reyes, reinas y papas. Aunque las leyes específicas variaban de un reino a otro, generalmente era obligatorio que los ciudadanos asistieran a los servicios religiosos locales y pagaran los diezmos a sus ministros. A cambio, las diversas iglesias cristianas de la época afirmaban enseñar a sus congregaciones cómo evitar ir al infierno y sufrir por toda la eternidad después de su muerte. La gente realmente temía la ira de Dios y la traición de Satanás, y confiaban en los consejos e instrucciones del clero para mantenerlos a salvo.

La aparición de currículos educativos más amplios para las clases altas y medias durante los siglos XVII y XVIII proporcionó diferentes perspectivas del papel de la humanidad en el mundo. Las ciencias y la filosofía económica les otorgaron a las personas una visión del mundo natural, la administración y los medios de producción, y las personas comenzaron a generar serias dudas en la religión organizada. Incentivados por sus ideas, la gente comenzó a reunirse en secreto y hablar en contra de la autoridad de la iglesia. Sus conversaciones silenciosas resonaban con facetas del humanismo, esta vez aún más liberal en su naturaleza. La razón y la lógica se erigieron como los fundamentos del comportamiento humano y la toma de decisiones en lugar del liderazgo autodesignado en iglesias y palacios.

La gente comenzó a discutir abiertamente los beneficios potenciales de la libertad individual y los detalles de un sistema democrático monárquico. En Francia, Jean-Jacques Rousseau amplió una idea antigua que llamó el "contrato social", descrito por primera vez por Platón en su libro *Crito*. El carácter omnipresente de Platón, Sócrates, explicaba el contrato social como el acuerdo informal entre gobernantes y ciudadanos de una civilización. Era un acuerdo en el que los ciudadanos acordaban seguir las reglas (pagar impuestos, proporcionar mano de obra, etc.) de un rey o gobernador a cambio de protección y beneficios sociales (estructuras defensivas, ejército, disponibilidad de alimentos). Rousseau, en su libro *El Contrato Social*, argumentó que las monarquías contemporáneas y sus gobiernos no habían logrado mantener su parte del trato. Postuló que:

"EL HOMBRE nace libre, y en todas partes está encadenado. Uno se considera el dueño de los demás, y sigue siendo un esclavo mayor que ellos".

Por supuesto, esto no fue apropiado para las dinastías autoritarias del continente. En siglos pasados, se habían ocupado de tales conversaciones de manera rápida y violenta, ahora, con multitudes de personas de acuerdo, entre ellas, las más ricas de la tierra, los monarcas se vieron obligados a destruir a su propia gente o encontrar una nueva solución. El compromiso alcanzado por algunos gobernantes fue el de una monarquía constitucional.

La gloriosa Revolución de Inglaterra del siglo XVII aseguró un sistema político para sí mismo. Esto ocurrió después de una guerra civil, solo unas décadas antes, durante la cual el rey Carlos I fue decapitado en 1649 por negarse a permitir a su gobierno un mínimo de autoridad razonable.[132] Su hijo, Carlos II, fue invitado a gobernar como su sucesor, y después de su muerte, la corona fue para su hermano, Jacobo II. Sin embargo, tanto los reyes Carlos como Jacobo no lograron mucho para aliviar la tensión entre la Corona y el Parlamento. Entonces, en 1688, Guillermo de Orange decidió intervenir.[133]

Guillermo III, más comúnmente conocido como Guillermo de Orange, el general militar de Holanda, fue invitado por los enemigos del rey James II para avanzar con su ejército. La invitación se extendió por una razón principal: la esposa de Guillermo, Mary Stuart, era la hija del rey Jacobo II y, por lo tanto, una sucesora lógica. Guillermo y Mary aprobaron el plan y se apoderaron de Londres mientras permitían que Jacobo II huyera a Escocia. Legalmente documentada como la abdicación del trono por parte del rey Jacobo II, la toma le brindó al Parlamento inglés la oportunidad de colocar a Mary y Guillermo en tronos duales. A cambio de sus cargos, Guillermo y Mary firmaron la Declaración de Derechos de Inglaterra en 1689,

---

[132] Spencer, Charles. *Asesinos del rey.* 2015.
[133] Childs, J. La guerra de los nueve años y el ejército británico, 1688-1697. 1991.

dejando así la tributación del reino al Parlamento. Los poderes de la monarquía inglesa se redujeron en gran medida a partir de ese momento con la autoridad puesta cada vez más en el gobierno.

Los cambios políticos de Inglaterra resonaron en todo el continente y alimentaron los debates antimonárquicos. Francia, en particular, estuvo muy influenciada por la revolución de su vecino cercano, especialmente durante el gobierno del opulento rey Luis XV, menos de un siglo después. La familia real francesa, la Casa de Borbón por ascendencia, representaba el apogeo absoluto de la moda y la tendencia contemporánea durante el siglo XVIII, y al hacerlo, marcaron notablemente su reino.[134] Dada su educación política tradicional, los borbones creían que era su deber presentar un frente perfecto y lujoso a sus ciudadanos. Esta táctica puede haber funcionado durante cientos de años, pero los días de arrogancia y derroche estaban contados.

---

[134] Cunningham, L. S., Reich, J. J., Fichner-Rathus, L. cultura y valores: un estudio de las Humanidades, Volumen 2. 2016.

Capítulo 20 - La Revolución Francesa

Poco a poco, el viejo mundo se derrumbó, y ni una sola vez el rey imaginó que algunas de las piezas podrían caer sobre él.
(Jennifer Donnelly, Revolución)

En el opulento Palacio de Versalles en el año 1774, dos jóvenes miembros de la aristocracia fueron coronados rey y reina de Francia tras la muerte del abuelo del niño, el rey Luis XV. El nuevo rey Luis XVI tenía 19 años, la nueva reina María Antonieta tenía 18 años.[135] Luis había sido criado para gobernar Francia, y María había sido preparada para gobernar desde el hogar de su infancia en Austria. Desafortunadamente, las lecciones que ambos les habían dado sobre gobernanza, economía y la monarquía no fueron suficientes para ayudarlos a equilibrar el presupuesto de un país con deuda sobre sus cabezas.

El rey Luis había vivido una vida de lujos durante toda su vida adulta, manteniendo amantes y esposas lujosamente vestidas, alojadas, suministrads y alimentadas. El Palacio de Versalles era el epítome de ese estilo de vida, estaba revestido por fuera y por dentro con filigrana

---

[135] Carlyle, Thomas. *La Revolución Francesa: Una historia.* 1934.

de oro, y estaba construido con el mármol blanco más puro, junto con techos pintados para rivalizar con los realizados por la mano del propio Miguel Ángel. Para su nieto y heredero, Luis XV quería que él tuviera el mismo tipo de vida. Era lo que se esperaba de la familia real de Francia, y, por lo tanto, a cada rey se le enseñó a derrochar autoridad, lujo, clase y buen gusto. Lo mismo se esperaba de la reina de Francia, responsable de promoverse como un modelo de moda femenina para las mujeres aristocráticas de su corte.

La joven reina María estaba aburrida de la política, pero sabía cómo apreciar las cosas buenas de la vida. Excluida en la corte por haber nacido en el extranjero y luego por no quedar embarazada del rey, María recurrió a la moda y al exceso por compañía. Sus vestidos eran ricos y pesados, las telas teñidas y estampadas exclusivamente para ella por comerciantes especializados que visitaban regularmente el Palacio de Versalles. La reina dejó una impresión duradera en Francia y el mundo por su elaborado vestuario y sus peinados imponentes, pero su esposo se hizo famoso por endeudar a su nación fuertemente en la guerra en Estados Unidos.

El rey Luis XVI sucumbió ante la presión de su parlamento al enviar tropas francesas al otro lado del Atlántico para apoyar a Estados Unidos en su intento de independencia de Gran Bretaña. Siendo realistas, quería enviar el apoyo suficiente para ganar la lealtad de los estadounidenses mientras ayudaba a agotar financieramente a Gran Bretaña, contra quien su propio país había luchado recientemente en la Guerra de los Siete Años.[136] La guerra, que involucró a muchos aliados y enemigos europeos por la propiedad de Silesia, fue un medio para que Gran Bretaña y Francia tomaran el control en Norteamérica e India, dos áreas donde ambos reinos tenían grandes inversiones y colonias. El rey Luis XVI estaba convencido de que mantener a Estados Unidos y Gran Bretaña en desacuerdo era lo mejor para sus propios intereses.

---

[136] "Guerra de los Siete Años". Enciclopedia Británica. Web.

El gasto, aunque relativamente bajo, seguía siendo una gran presión para la sobrecargada economía francesa. Los historiadores creen que sin la ayuda de Francia, los Estados Unidos de América no habrían obtenido su independencia de la monarquía británica, pero hubo pocos resultados positivos para la monarquía de Francia.[137] La aristocracia, la clase media y la clase trabajadora estaban inquietas y exigían el fin de los impuestos y una solución a la escasez de pan. El rey no tenía forma de pagar sus deudas, excepto aumentar los impuestos sobre la nobleza francesa, que se negó rotundamente a participar en tales reformas. Mientras el rey intentaba frenéticamente recuperar algo de autoridad sobre su pueblo, apareció el Tercer Estado y realizó un movimiento para ganar algo de poder.

El Tercer Estado era un grupo de ciudadanos franceses tradicionalmente impotentes y necesitados que no eran ni aristocráticos ni miembros del poderoso clero católico. Emmanuel Joseph Sieyès, inspirado en las filosofías humanistas e igualitarias de la Ilustración, propuso que los ciudadanos privados de sus derechos de Francia se unieran e hicieran oír sus voces junto con los habituales Primero y Segundo Estados, es decir, el clero y los nobles, respectivamente.[138]

Animados por las posibilidades, los trabajadores de Francia se unieron y crearon la Asamblea Nacional, un cuerpo parlamentario completamente fuera de la autoridad del rey y compuesto por muchos miembros del Club Jacobino. Los jacobinos, también conocidos como la Sociedad de Amigos de la Constitución, eran un grupo político extremo que pedía la eliminación total de la monarquía.[139] A la Asamblea se le unieron en el transcurso de los próximos meses una mayoría de miembros del clero y una pequeña parte de la nobleza. Se comprometieron a escribir una constitución

---

[137] Luis XVI en la Revolución Americana". Enciclopedia de la Revolución Americana: Biblioteca de Historia Militar. Web. 2006.

[138] Sieyes, Emmanuel Joseph. *Emmanuel Joseph Sieyes: los escritos políticos esenciales.* 2014.

[139] "Jacobin Club". Enciclopedia Británica. Web.

francesa, y en 1791, lograron ese objetivo.[140] En Septiembre de ese año, el rey Luis XVI firmó la constitución, recreando efectivamente a Francia como una monarquía constitucional.

El rey Luis no tuvo más remedio que renunciar a su poder, ya que la mafia en París ya había secuestrado a la familia real del Palacio de Versalles y los trasladó al corazón de la ciudad durante los disturbios en Octubre del año anterior. La familia hizo un intento fallido de fuga poco antes de que Luis se viera obligado a firmar la constitución y renunciar a siglos de monarquía absoluta en Francia. Al año siguiente, la Asamblea Nacional, renombrada como Convención Nacional, anunció que Francia era una república independiente. El rey Luis XVI fue decapitado por la guillotina en 1793, seguido por la reina María Antonieta unos meses más tarde.[141] Sus hijos fueron encarcelados.

Lo que siguió se conocería como el Terror: un período de diez meses de violencia y asesinatos bajo el liderazgo del influyente jacobino Maximilien Robespierre. Ostensiblemente combatiendo contrarrevolucionarios y ejércitos extranjeros cuyos propios monarcas habían declarado la guerra a la nueva república de Francia, Robespierre y su régimen orquestaron la muerte de hasta 40.000 personas antes de ser víctimas de la guillotina.[142] Cuando la agitación interna se calmó, Francia se reorganizó políticamente y creó el Directorio, un comité de cinco miembros que gobernó hasta 1799.[143] En ese año, un popular héroe militar llamado Napoleón Bonaparte instigó un golpe de estado exitoso que lo convirtió en el líder de facto de la nación.[144]

---

[140] Fitzsimmons, Michael P. La reconstrucción de Francia: la Asamblea Nacional y la Constitución de 1791.

[141] "La Revolución Francesa". PBS. Web.

[142] Moes, Garry J. Corrientes de civilización. 2003.

[143] "Directorio de Historia Francesa". Enciclopedia Británica. Web.

[144] "Golpe de 18-19 de historia de Brumaire francés". Enciclopedia Británica. Web.

Bonaparte había sido el general del ejército francés antes de convertirse en el líder de la nación, y estaba inclinado a continuar de manera similar durante su dictadura. Los siguientes 23 años se caracterizaron por una serie de batallas y conflictos militares conocidos como las Guerras Napoleónicas.[145] La guerra fue declarada oficialmente por Gran Bretaña y sus aliados con el asesinato del rey Luis XVI. Aunque Holanda y España fueron oficialmente parte del esfuerzo de guerra contra Francia, Napoleón sabía que su principal enemigo era Gran Bretaña, cuya armada le había causado grandes pérdidas durante una campaña en Egipto. Además, había una tensión continua entre las dos naciones en la lucha por la superioridad económica dentro de Europa y el asunto del reclamo continuo de Gran Bretaña sobre la tierra francesa.

Desde el gobierno del rey Eduardo III de Inglaterra en el siglo XIV, Inglaterra y Gran Bretaña habían reclamado la propiedad de una pequeña parte de Francia, ya sea Calais, Aquitania o Caen.[146] Una vez que Napoleón tomó el poder, el rey Jorge III de Gran Bretaña finalmente abandonó la incorporación a su título, "Rey de Francia", y reconoció oficialmente a Francia como una república.[147] Sin embargo, el rey Jorge III no estaba satisfecho. Había perdido a Estados Unidos y Francia en el lapso de 25 años, y estaba sinceramente decidido a la victoria británica sobre las fuerzas de Napoleón. El rey inglés declaró la guerra a Francia en 1803, solo un año después de que los dos países acordaron la paz.[148]

En 1804, Napoleón Bonaparte se declaró a sí mismo emperador de Francia.[149] Al año siguiente, después de los exitosos ataques en Italia, se coronó rey de Italia en Milán antes de avanzar hacia

---

[145] "Guerras Napoleónicas Historia Europea". Enciclopedia Británica. Web.
[146] Corrigan, Gordan. *Una gran y gloriosa aventura*. 2014.
[147] Corrigan, Gordan. *Una gran y gloriosa aventura*. 2014.
[148] "Cronología: Guerras Napoleónicas". Referencia de Oxford. Web.
[149] Dwyer, P. *Ciudadano Emperador: Napoleón en el poder*. 2013.

Austria.[150] Después de derrotar a las fuerzas aliadas de Austria, Prusia y Rusia, Napoleón convenció al zar Alejandro I de Rusia para que firmara un tratado político con Francia en el que unirían fuerzas y dividirían Europa entre ellos.[151] El zar firmó el acuerdo en 1807, y juntos, los dos emperadores atacaron España y Portugal, haciendo que la familia real portuguesa huyera a Brasil por seguridad.[152]

En 1812, Napoleón tenía el control de Francia, España, Portugal, Italia, Nápoles, la Confederación del Rin y las provincias ilirias.[153] Con avidez, el emperador decidió renunciar a su tratado con el zar Alejandro I y llegó tan lejos como para atacar a su aliado con 600.000 soldados en suelo ruso.[154] Rusia se retiró, derrotada, pero a Moscú se le ordenó ser evacuado y quemado antes de que Napoleón persiguiera a los soldados del zar. Cuando las llamas se apagaron, Napoleón ocupó el Kremlin y esperó a que su ex aliado aceptara la derrota, en cambio, el ejército ruso descendió sobre los franceses y los obligó a retirarse. Cuando los franceses regresaron a París, Napoleón había perdido medio millón de tropas contra los rusos.[155]

Toda Europa occidental todavía estaba a merced del gran general francés, pero Gran Bretaña se mantuvo independiente. La armada británica se mantuvo firme, manteniendo decisivamente a las fuerzas enemigas lejos de sus costas, y libró la guerra por su vida. Prusia cambió de bando para unirse a Gran Bretaña y Rusia en 1814, y las fuerzas aliadas comenzaron a ganar algo de fuerza contra el ataque del Imperio Francés.[156] París fue capturada por los aliados ese mismo año, y Napoleón abandonó su trono antes de ser enviado a la isla de Elba en el exilio.

---

[150] "Cronología: Guerras Napoleónicas". Referencia de Oxford. Web.

[151] Nicolls, David. *Napoleón: un compañero biográfico*. 1999.

[152] Cronología: Guerras Napoleónicas. "Referencia de Oxford. Web.

[153] *Carte de l'Empire Francais 1812*: Dresse par A.H. Dufour.

[154] "Alejandro I Emperador de Rusia". Enciclopedia Británica. Web.

[155] Cronología: Guerras Napoleónicas. "Referencia de Oxford. Web.

[156] Ibid.

Al reunirse, con el apoyo de un regimiento militar y una pequeña flota de barcos, Napoleón escapó audazmente de Elba al año siguiente para reclamar su imperio. Rápidamente atrapado en una batalla con las fuerzas inglesas y prusianas, el emperador finalmente fue derrotado en la Batalla de Waterloo, entonces partió del Reino Unido a los Países Bajos, el 18 de Junio de 1815.[157] Exiliado una vez más en la isla de Santa Elena, Napoleón permaneció allí hasta su muerte en 1821.[158] La era napoleónica fue seguida por una Restauración Borbónica en la cual los hermanos del asesinado rey Luis XVI gobernaron sucesivamente.[159] Los reyes de la Restauración reinaron sobre una monarquía constitucional muy moderada hasta que Carlos X intentó gobernar con toda la autoridad de sus antepasados y se vio obligado a abdicar. No hubo más restauraciones reales después de ese punto, ya que la mayoría de Francia estaba decidida a gobernarse a sí misma.

---

[157] Ibid.
[158] Hindmarsh, J. Thomas. *La muerte de Napoleón: la última campaña.* 2007.
[159] Carpenter, K. *Refugiados de la Revolución Francesa.* 1999.

Capítulo 21 - La Era Industrial

La historia de la revolución industrial muestra cómo ese poder pasó del rey y la aristocracia a la burguesía. El sufragio universal y la escolarización universal reforzaron esta tendencia, y al final incluso la burguesía temía a la gente común. Porque las masas prometieron convertirse en rey.
(Edward L. Bernays, Propaganda)

La ciencia había entrado con fuerza en la vida europea en el siglo XVIII. Sobre la base de los principios matemáticos y físicos establecidos por sus predecesores, las mejores mentes de Europa pudieron crear máquinas potentes destinadas a aumentar la capacidad laboral de sus trabajadores. Estas máquinas no solo hicieron posible que los artesanos y comerciantes produjeran telas, alimentos y herramientas más rápido que nunca, sino que también cambiaron la forma en que funcionaba la fuerza laboral de Europa.

Hasta ese momento, los trabajadores del continente habían utilizado prácticamente las mismas técnicas que sus antepasados, retrocediendo generaciones. Los trabajadores agrícolas araban con herramientas de hierro arrastradas por caballos y bueyes, posteriormente sembraban semillas y esperaban a que crecieran sus cultivos. Mientras tanto, cuidaban los huertos y el ganado, incluidos los animales lecheros. En verano y otoño, los agricultores trabajaban largas horas cortando y transportando heno y granos y procesando los cereales que cosechaban de los campos. El invierno fue un descanso largo y bien merecido antes de que el trabajo comenzara nuevamente en la primavera.

Mientras que los hombres pasaban la mayor parte del tiempo en el campo o trabajando con metales, las mujeres hacían la mayor parte del trabajo textil que mantenía a Europa vestida y cálida. La lana tradicional había sido superada por el uso del algodón, que fue importado principalmente de los Estados Unidos de América. Estas importaciones se estancaron brevemente a finales del siglo XVIII durante la Revolución Americana, en la que Estados Unidos luchó contra Gran Bretaña para deshacerse el dominio imperial de la corona, pero se recuperó rápidamente, ya que ambas partes dependían en gran medida del comercio del algodón. Una vez que Estados Unidos ganó la guerra, fue necesario continuar las ventas de algodón para ayudar a recuperar los gastos de la campaña militar.

Con la llegada de las máquinas, como la desmotadora de algodón de Eli Whitney, los trabajadores lograron producir franjas de algodón limpio mucho más rápido. Su invención, patentada en los Estados Unidos en 1794, separaba mecánicamente las fibras de algodón de sus semillas, un proceso que era minucioso y tedioso cuando se hacía a mano.[160] Las fibras de algodón limpias se cepillaban y se hilaban en hilos, que se vendían en carretes o se usaban para tejer pernos de tela. Estos pernos y carretes se exportaban a Europa, junto con algodón puro y sin procesar. Este último era considerablemente más barato, por lo tanto, era la elección de muchos fabricantes europeos conscientes del presupuesto.

El algodón o lana sin procesar era llevado a fábricas principalmente en Gran Bretaña, Alemania y España, donde se habían construido grandes plantas textiles. Gracias a la invención de James Hargreaves de Inglaterra en 1764, el giro ya no dependía de

---

[160] Lakwete, A. Inventar la desmotadora de algodón: máquina y mito en Antebellum America. 2003.

herramientas lentas como los husos tradicionales, como lo había hecho en la Edad Media. El hilado de Hargreaves permitía a las trabajadoras textiles de Europa, en su mayoría mujeres, crear ocho hilos a la vez, en lugar de uno.[161] A medida que el invento se ajustaba, esos ocho hilos iniciales aumentaron hasta 120. La hiladora Jenny y la desmotadora de algodón, combinadas con el transbordador volador 1733 de John Kay, revolucionaron por completo el proceso de fabricación textil de una industria artesanal a un gran esfuerzo de fabricación.[162]

Aunque los textiles fueron el objetivo principal de estos primeros capitalistas industriales, cada uno de sus negocios a gran escala se basó en otro invento importante: la máquina de vapor. Antes de las redes eléctricas universales, la maquinaria pesada funcionaba con motores basados en un diseño de Thomas Savery. El invento de Savery, el Amigo del Minero, fue construido en 1698 para bombear agua de una mina de carbón utilizando el poder del vapor sobrecalentado. El dispositivo original solo era útil hasta cierta profundidad, pero el modelo renovado, inventado por Thomas Newcomen y su asistente John Calley en 1712, incluía un pistón para controlar los movimientos de una bomba mecánica.[163] La máquina de vapor mejorada pronto se usó para alimentar todo, desde la desmotadora de algodón hasta el telar eléctrico.

Para calentar el agua y crear suficiente vapor para mantener una fábrica llena de máquinas en funcionamiento todo el día, los industriales necesitaban mucho carbón. Debido a la interminable necesidad de carbón, la industria minera creció junto con la industria textil de la fábrica, y en solo unas pocas décadas, Inglaterra se transformó. Sheffield y York se llenaron de fábricas, chimeneas, humo negro y hollín. La contaminación de las fábricas de hilado,

---

[161] Gehani, R. Gestión de Tecnología y Operaciones. 1998.

[162] Berman, B. De los activos a las ganancias: compitiendo por el valor y la rentabilidad de la propiedad intelectual. 2008.

[163] Lamb, Robert. "Cómo funciona la tecnología Steam". HowStuffWorks. Web.

tejido y costura se adhería a las casas y edificios públicos, espesaba el aire y devastaba la calidad del aire de las ciudades. Con los ciudadanos ahogándose cada vez que salían, se establecieron leyes que requerían que las fábricas construyeran sus chimeneas cada vez más altas, arrojando el humo a las nubes para dispersarse teóricamente.

Los trabajadores y artesanos independientes fueron rápidamente superados por la producción sin precedentes de hilanderos, tejedores y fabricantes de telas de fábricas. Los propietarios de las fábricas empacaron máquinas y operadores en espacios comerciales por docenas y luego por cientos, tratando de obtener ganancias cada vez mayores. Los primeros días de la Revolución Industrial fueron desordenados y peligrosos, caracterizados por el mal funcionamiento de máquinas, accidentes graves y empleados mal pagados. Nunca antes se había intentado una industria a una escala tan masiva, y había tantos problemas como beneficios. Los trabajadores rendían largas horas, sin atención médica y muy poca capacitación para usar las máquinas.

En Gran Bretaña, donde las ciudades industriales de Sheffield y York lideraron el camino para el resto del continente en términos de industria y comercialización, fue un momento de increíble crecimiento en términos de paisajes urbanos, población e incluso el concepto de igualdad y de los derechos de las mujeres. Desde una perspectiva, la Revolución Industrial les otorgó a las mujeres de Europa la oportunidad de ganarse la vida y practicar la independencia en la ciudad. Por otro lado, tanto las mujeres como los hombres estaban enormemente subestimados por sus empleadores. Los trabajadores comenzaron a sindicalizarse y a exigir a sus empleadores que los mantuvieran seguros y razonablemente remunerados, y para 1833, el Parlamento aprobó el Acta de Fábricas de Gran Bretaña.[164]

---

[164] Kirby, P. Trabajadores infantiles y salud industrial en Gran Bretaña, *1780-1850*. 2013.

El Acta de Fábricas mejoró las condiciones para los trabajadores de principios del siglo XIX, pero sus estándares eran sorprendentemente bajos en comparación con la industria moderna. Uno de sus principios, por ejemplo, era la regla de que ningún niño menor de nueve años podía ser empleado. Del resto de los niños, y había miles, a los menores de 13 años se les permitía trabajar hasta 9 horas al día. Los niños de 13 a 18 años podían trabajar hasta 12 horas por día. Las condiciones eran a menudo deplorables para adultos y niños que trabajaban en estas fábricas, con pocos descansos y ambientes de trabajo calurosos e incómodos.

Tras el Acta de Fábricas, los inspectores debían estar en el sitio en cada fábrica para garantizar que se siguieran las reglas, desafortunadamente, ni siquiera esta regla se hizo cumplir estrictamente. El siguiente es un testimonio de uno de esos inspectores al visitar una fábrica sin una cita:

> Mi Señor, en el caso de Taylor, Ibbotson & Co., tomé la evidencia directamente de los mismos jóvenes. Me dijeron que comenzaron a trabajar el viernes por la mañana, el 27 de Mayo pasado, a las seis de la mañana, y que, con la excepción de las horas de comida y una hora a la medianoche extra, no dejaron de trabajar hasta las cuatro de la tarde del sábado tarde, habiendo pasado dos días y una noche así. Creyendo que el caso era apenas posible, les hice a todos los jóvenes las mismas preguntas y de cada uno recibí las mismas respuestas.[165]

Las condiciones rara vez fueron mejores en Alemania y España, donde se fabricaban textiles, cristalería y herraje en las fábricas. Alemania era rica en depósitos de mineral de hierro y carbón, por lo que era un centro ideal de la industria. Las guerras napoleónicas contribuyeron al retraso que experimentaron los industriales alemanes junto a sus contrapartes británicas, pero a mediados del siglo XIX, ya estaba superando a Gran Bretaña en términos de

---

[165] "Ley de Fábrica de 1822". Los Archivos Nacionales. Web.

producción. En la fábrica de hierro Friedrich Wilhelm, cerca de Mulheim, Alemania, los trabajadores utilizaban los métodos británicos más modernos para racionalizar la producción de hierro de alta calidad. Quemaban una forma destilada de carbón, llamada coque, para fundir de forma más efectiva el hierro del mineral de hierro. Esta innovación no solo creó hierro puro de alto grado, sino que las emisiones producidas por la quema de coque fueron mucho más limpias que el carbón.

Los hornos de fundición alimentados con coque se construyeron para mantener el hierro separado del combustible del fuego, a diferencia de los falsificadores de la Edad de Hierro que creían que el carbón fortalecía el producto final. Mantener el hierro libre de aditivos resultó ser un método más efectivo. Friedrich Harkort y Hermann Dietrich Piepenstock también crearon el proceso de formación de goteo para producir su hierro, lo que aumentó aún más la producción. El encharcamiento generalmente se realizaba simplemente agitando el metal fundido para exponerlo al oxígeno, quemando así el exceso de carbono. Estas y otras innovaciones de fundición dieron como resultado una pureza tan fina que necesitaba un nuevo nombre: acero.

La forma de acero del hierro era mucho más fuerte que otras aleaciones de hierro, lo que lo hacía perfecto para la construcción a escala industrial. Barcos, rascacielos, puentes, fábricas, almacenes, estufas y hornos fueron construidos con el nuevo material, cambiando físicamente aún más el paisaje urbano europeo. Los edificios eran de mayor tamaño y firmes, lo que inspiró a arquitectos y diseñadores a alturas cada vez mayores. Mientras que la primera parte de la Revolución Industrial utilizaba hierro fino producido en masa exclusivamente para infraestructura, la última parte introdujo el material de formas nuevas y más artísticas.

En 1779 se construyó el apropiadamente llamado Puente de Hierro en Shropshire, Inglaterra.[166] Un siglo más tarde, en 1889, la torre de hierro de Gustave Eiffel se construyó en el centro de París como una especie de recuerdo de la época. Marcó la nueva era de la industria y el capitalismo.[167]

---

[166] Langmead, D. y Garnaut, C. Enciclopedia de hazañas arquitectónicas y de ingeniería. 2001.

[167] Blanc, A., McEvoy, M., Plank, R. - Editores de Arquitectura y Construcción en Acero. 1993.

Capítulo 22 - El Imperio Británico de la Reina Victoria

Una ley general, que conduce al avance de todos los seres orgánicos, es decir, multiplicar, variar, dejar que los más fuertes vivan y los más débiles mueran.
(Charles Darwin, El Origen de las Especies)

El poder supremo y absoluto de la Iglesia puede haber desaparecido cuando la reina Victoria gobernó Gran Bretaña, pero la fe y las creencias religiosas estaban lejos de ello. Europa permaneció dividida en su mayoría entre formas de protestantismo y catolicismo romano, que habían sido oficialmente separados del funcionamiento interno de los gobiernos y las monarquías. Gran Bretaña, bajo la reina Victoria, se enorgullecía de haber cultivado un equilibrio ideal entre el amor de Dios y la búsqueda de la ciencia. Además, fue la era del Imperio Británico, durante la cual Gran Bretaña se convirtió en una potencia colonial tan grande como lo había sido España durante la Era del Descubrimiento. La reina Victoria, y más importante aún, su gobierno, controlaba Inglaterra, Escocia, Irlanda, Gales, Canadá, Australia, India, Nueva Zelanda y partes de África.

Gran Bretaña era la nación más rica e industrializada de Europa. También estaba tomando medidas para establecer una mejor forma de elección democrática con respecto al gobierno de la monarquía. La Ley de la Gran Reforma de 1832 reorganizó las divisiones de Inglaterra y Gales para que sus representantes ya no pudieran ser elegidos por medio de los terratenientes más importantes, haciendo que 250.000 hombres adicionales fueran elegibles para votar.[168] Escocia e Irlanda lograron lo mismo de igual manera, mejorando en gran medida la influencia que las clases media y baja tenían en el gobierno y las políticas.

Quizás uno de los cambios más impresionantes en Gran Bretaña durante esa época fue el aumento de la población, que explotó durante los años del reinado de Victoria, que duró desde 1837 hasta 1901.[169] Había alrededor de 13.9 millones de personas en el reino cuando la reina Victoria asumió el trono por primera vez y hasta 32.5 millones en el año en que murió. Existen múltiples razones para este aumento, incluida una mejor ciencia y atención médica, la mejora de los salarios y una tendencia hacia las familias numerosas. Además, la tasa de natalidad mejoraba mientras que la tasa de mortalidad disminuía, y la mayor parte de esto era gracias de alguna manera a los esfuerzos científicos.

La ciencia luchó contra la religión en una guerra interminable por la supremacía, pero la ciencia no podía detenerse, ni siquiera por las multitudes de moralistas que vivían en la Gran Bretaña victoriana. Los descubrimientos de Charles Darwin, un naturalista inglés de profesión, sorprendieron y atemorizaron a mucha gente antes de ser aceptados por la ciencia convencional. Fue su manuscrito en particular, *El origen de las especies*, lo que causó la indignación de los cristianos contra la nueva idea de la evolución biológica. En esas páginas, Darwin describió cuidadosamente su investigación sobre varias especies de aves y mamíferos en las Islas Galápagos.

Darwin, educado en medicina en la Universidad de Edimburgo, se había interesado en el trabajo del biólogo francés Jean-Baptiste

---

[168] Evans, E. La Ley de la Gran Reforma de 1832. 1983.

[169] Crouzet, F. La economía victoriana. 1982

Lamarck mientras estaba en la escuela. Los estudios de Lamarck en botánica y zoología durante el siglo anterior habían cimentado la creencia de Darwin de que las características de una planta o animal podrían ser heredadas por sus plántulas o descendientes. Fue un estudio fascinante que podría usarse para ayudar a explicar cómo ciertas variedades de cultivos alimenticios habían cambiado lentamente con el tiempo de sus formas originales. Para Charles Darwin, explicaba aún más sobre el mundo natural.

El viaje de Darwin a las Islas Galápagos lo introdujo a docenas de especies que nunca había visto en persona o de las que nunca había oído hablar. El aislamiento geográfico de las islas proporcionó el entorno perfecto en el que aquellos animales, aves e insectos, todos presumiblemente introducidos en la isla como especies exóticas, podrían encontrar nuevos medios para satisfacer sus necesidades básicas. Con el tiempo, cambiaron ligeramente para adaptarse a su nuevo hogar, pero conservaron la apariencia general de sus antepasados. Darwin descubrió una variedad de pájaros, por ejemplo, cuyos picos habían cambiado para extraer alimento de fuentes exóticas. Los ejemplos se explicaron en términos simples en su libro para que el lector promedio pudiera entenderlos. Los animales cambiaron para adaptarse a sus entornos cambiantes, argumentó Darwin, y el factor motivador detrás de esos cambios fue la selección natural.

La selección natural era una teoría propia de Darwin. Declaró que cada especie animal y vegetal en la Tierra era producto del mundo que la rodeaba. Como se explica en *El origen de las especies*, la selección natural es el proceso en el que se preservan los rasgos físicos específicos cuando son mutaciones genéticas ventajosas. Era la misma premisa por la cual los perros habían sido criados durante miles de años en Gran Bretaña: aquellos perros con los rasgos que los criadores querían reproducir fueron criados juntos. Los perros con rasgos desfavorables se mantuvieron fuera del estanque de reproducción.

La investigación y las teorías de Darwin postulaban que los animales y los humanos probablemente tenían un antepasado común, y los victorianos que asistían a la iglesia no estaban impresionados en absoluto. Dios creó a los humanos a su propia imagen, explicaron, y nadie estaba relacionado con los simios. En el otro extremo del espectro social, los científicos estudiaron con avidez las ediciones del libro de Darwin, fascinados por sus implicaciones en sus propios campos de investigación. La controversia y las luchas internas entre los sujetos británicos y las audiencias europeas e internacionales más amplias del libro fueron extremas.

Los victorianos, sin embargo, se enorgullecían de conservar el orden y la diplomacia, y a diferencia de los días de la Reforma, las blasfemias contra la Iglesia ya no eran medios de ejecución en Gran Bretaña. De hecho, a pesar de la exclusión social que Darwin sufrió de diversos grupos después de la publicación de su libro, fue honrado por su país con un funeral en la Abadía de Westminster. Colocaron su cuerpo cerca del de Isaac Newton para que descansara en paz.

Gracias a la perseverancia de científicos como Darwin, la medicina evolucionó a pasos agigantados a lo largo del siglo XIX. Los médicos usaban las autopsias con más regularidad para aprender sobre la muerte, así como sobre las partes del cuerpo y cómo interactuaban entre sí. Dado el auge de la indomable era industrial, los problemas respiratorios fueron una de las causas más comunes de queja y muerte. El cólera también ocupaba un lugar destacado en la lista, especialmente porque muchos médicos y científicos aún no habían aceptado la teoría de los gérmenes. Al percatarse, Louis Pasteur utilizó sus principios para crear una vacuna contra el ántrax y la rabia. El trabajo de Pasteur también condujo a métodos novedosos y más seguros para procesar leche y productos lácteos, llamados pasteurización en su honor.

Capítulo 23 - La Gran Guerra

La Europa Industrial había disfrutado de un período mayormente pacífico de crecimiento económico, descubrimiento científico y evolución espiritual, pero no prevaleció. Las estructuras políticas estaban cambiando en todo el continente, el Imperio otomano se alejó de Grecia y el mediterráneo oriental, y el Imperio prusiano experimentó fuerzas evolutivas en su interior. Tras una catastrófica visita del archiduque Fernando de Austria-Hungría a su capital, Sarajevo, en 1914, las naciones aliadas rápidamente se levantaron en armas.[170]

La violencia fue desencadenada por el nacionalista yugoslavo Gavrilo Princip, un ciudadano serbio en Bosnia, que estaba bajo la ocupación de Austria-Hungría. Princip era miembro de los jóvenes bosnios con contactos en la sociedad Mano Negra. Los jóvenes bosnios eran en su mayoría adolescentes y jóvenes adultos que se oponían a la autoridad austrohúngara sobre el pueblo eslavo del reino que había estado bajo la administración del imperio desde finales del siglo XIX. El grupo realizó una campaña activa para que el imperio liberara a los eslavos y a los serbios de su alcance político y permitiera que las dos culturas establecieran sus propias naciones.

---

[170] Dedijer, Vladimir. *Guerra mundial, 1914-1918.* 1966.

El archiduque Fernando era el presunto heredero de la corona austrohúngara en 1914, que consistía en convertirse emperador de Austria y el reinado de Hungría. Operando como una monarquía dual desde 1867, los dos reinos estaban bajo el control de Franz Joseph I. La presunta sucesión de sus reinos recaía sobre los hombros de su sobrino, Franz Ferdinand, después del suicidio de su único hijo Rudolph en 1889.[171] Fernando apoyaba públicamente las reformas administrativas que otorgarían a las minorías étnicas de su reino mayor independencia dentro del estado. Estas creencias políticas, diplomáticas como eran, demostrarían ser su ruina. Con el aumento de los disturbios sociales en Serbia y entre los serbios dentro de Austria-Hungría, ya no era la voluntad de todas las personas que se encontrara una solución pacífica. La Mano Negra, una sociedad secreta serbia que empleó la violencia para obtener la libertad de los serbios, tomó la fatídica decisión de lanzar a Europa a una de las peores guerras de su historia.

La Mano Negra, centrada al otro lado de la frontera en Serbia, apoyaba los ideales nacionalistas de Gavrilo Princip y los Jóvenes Bosnios, así como cualquier otro movimiento anti-austrohúngaro dentro de su poderoso vecino. El líder no oficial de la Mano Negra, el coronel Dragutin Dimitrijević, decidió que la única forma de garantizar una revolución era matar al archiduque Fernando. Como Fernando intentaba apaciguar a los serbios diplomáticamente, Dimitrijević se preocupó de que sus compatriotas fueran pacificados y convencidos de aceptar reformas monárquicas en lugar de exigir su libertad, y con el archiduque fuera de su camino, una revuelta sería mucho más probable. La Mano Negra equipó a Gavrilo y a otros con armas y les ordenó matar al presunto heredero del imperio durante su visita de estado a Sarajevo.[172]

El archiduque viajó a Sarajevo ese fatídico día de Junio de 1914 para inspeccionar las filas militares estacionadas allí. Llegó a la capital

---

[171] Ibid.

[172] Combs, C. *Terrorismo en el siglo XXI*. 2013.

con su esposa, la duquesa Sophie Chotek. Fueron atacados con una granada de mano mientras viajaban en un automóvil descapotable la mañana del 28 de Junio. El intento de asesinato fracasó, hiriendo a los miembros de otro automóvil que conducía detrás del archiduque y la duquesa. Asesinos encubiertos se extendieron para cubrir diversas partes de la ciudad, y la pareja posteriormente volvió a entrar en el auto descubierto para visitar a las víctimas del ataque en el hospital local. Por casualidad, el tráfico redujo la velocidad del automóvil en el mismo lugar donde Gavrilo Princip estaba esperando.[173] Cruzó la calle, blandió su arma y disparó a Fernando y a Sofía para después huir de la escena. Las víctimas murieron poco después.[174]

La agitación política consecuente resultó demasiado importante para simples reuniones diplomáticas entre Serbia y Austria-Hungría. Un mes después del asesinato, el 28 de Julio, Austria-Hungría le declaró la guerra a Serbia.[175] Alemania otorgó su pleno apoyo al Imperio austrohúngaro, Rusia otorgó el suyo a Serbia. Esa misma noche, Austria-Hungría comenzó a disparar contra la capital serbia de Belgrado.

Irónicamente, el líder alemán, Kaiser Wilhelm II, favoreció las discusiones diplomáticas en lugar de la guerra. Sin embargo, sus generales militares no estaban de acuerdo, y al sentir que su autoridad flaqueaba en los últimos años, Wilhelm se vio obligado a aceptar el esfuerzo de guerra. Su nación se unió a la Triple Alianza: Austria-Hungría, Alemania e Italia en oposición a la Triple Entente de Gran Bretaña, Francia y el Imperio Ruso. Estas seis naciones fueron los combatientes centrales de la Primera Guerra Mundial, a pesar de que la disputa original solo había sido entre Serbia y Austria-Hungría. En

---

[173] Muchas fuentes nos hacen creer que Gavrilo no fue plantado estratégicamente en ese lugar, sino que al azar comió un sándwich en el café en ese lugar. La investigación del escritor del Smithsonian Mike Dash refuta la historia del sándwich. Lea más en su artículo del Smithsonian, "El origen del cuento que Gavrilo Princip estaba comiendo un sándwich cuando asesinó a Franz Ferdinand".

[174] Beyer, Rick. *La gran historia jamas contada*. 2003.

[175] Sharp, Alan. *28 Junio*. 2014.

el transcurso del año, más de una docena de naciones se habían alineado oficialmente con la Triple Entente contra el Kaiser Wilhelm II, incluidos Estados Unidos, China y Japón.

La lucha estaba totalmente en marcha en Agosto, con austrohúngaros marchando hacia Serbia, soldados alemanes en Luxemburgo y ejércitos franceses y alemanes enfrentados en el ducado de Lorraine. El emperador Taishō de Japón arriesgó sus propios recursos militares después de formar un acuerdo con Gran Bretaña que establecía que Japón podría tomar las posesiones de Alemania en el Océano Pacífico. El Imperio otomano, bajo el liderazgo subyugado de Ismail Enver Pasha, en representación del emperador Mehmed V, se puso del lado oficial de Alemania. Los reclamos de tierras y las alianzas a ambos lados del esfuerzo de guerra fueron innumerables, ya que los países de todos los continentes habitados pusieron en juego el resultado de la lucha de poder masiva.

La mayoría de las batallas tuvieron lugar en Europa occidental, y durante el primer mes, las victorias fueron numerosas para Alemania y Austria-Hungría. Más adelante ese mismo año, Gran Bretaña proporcionó tropas de ayuda a través de Canadá y Nueva Zelanda que ayudaron inmensamente a evitar que las fuerzas alemanas capturaran París. Alemania se estableció como la principal nación belicista entre todos los aliados y el Eje. En 1915, el ejército alemán lanzó un ataque de cloro contra las tropas enemigas, marcando el comienzo de la era de la guerra química.[176] Fue una táctica que las fuerzas aliadas adoptaron rápidamente para sí mismas, y después de cuatro años de lucha, casi 1 millón de personas habían sido asesinadas o heridas por el uso de armas químicas.[177]

Casi inmediatamente después del comienzo de la guerra, Serbia fue invadida por Austria-Hungría, Alemania y Bulgaria. Sus propias tropas nacionales fueron evacuadas a Grecia antes de unirse a la lucha

---

[176] Ray, Michael. "Cronología de la Primera Guerra Mundial". Enciclopedia Británica. Web.

[177] Ibid.

al año siguiente cuando Montenegro también fue víctima de Austria-Hungría. El año 1916 transcurrió en un violento derramamiento de sangre en la batalla de Verdún en curso en Francia, mientras que Gran Bretaña y Alemania se enfrentaron en los mares frente a la costa de Dinamarca.[178] Fue el primer uso total de la guerra moderna y equipo, y Francia sufrió el mayor daño de cualquier nación bajo las huellas y cañones de tanques, fuego de cañones y explosiones de gas de cloro y mostaza. El presidente Woodrow Wilson, de los Estados Unidos de América, que se abstuvo de unirse a la contienda, declaró oficialmente la guerra a Alemania en Abril de 1917 y dirigió debates de arbitraje entre los Aliados y el Eje.[179]

Para 1918, Wilson logró convencer a Alemania de aceptar un armisticio, para disgusto de las tropas alemanas que creían que habían estado ganando la guerra.[180] La diplomacia era inestable, pero se mantuvo por el momento, particularmente porque el Imperio Ruso se retiró meses antes del acuerdo de alto el fuego el 11 de Noviembre de 1918.[181] En ese momento, el zar Nicolás II tenía asuntos más urgentes que atender en el frente interno.

---

[178] Ibid.

[179] Ibid.

[180] Barth, Boris. "Mito de la puñalada por la espalda". 1914-1918 En línea. Web.

[181] Ray, Michael. "Cronología de la Primera Guerra Mundial". Enciclopedia Británica. Web.

Capítulo 24 - La Revolución Rusa

De esa manera, la clase obrera rusa tenía características contradictorias para un marxista que diagnosticaba su potencial revolucionario. Sin embargo, la evidencia empírica del período comprendido entre 1890 y 1914 sugiere que, de hecho, la clase trabajadora de Rusia, a pesar de sus estrechos vínculos con el campesinado, era excepcionalmente militante y revolucionaria.
(Sheila Fitzpatrick, La Revolución Rusa 1917-1932)

La revolución política había estado en la mente de todos los europeos necesitados desde la Edad Media, y eso no era menos cierto en el extremo oriental del continente. Moscú y San Petersburgo, las ciudades más pobladas del Imperio Ruso, estaban al oeste de las divisorias montañas del Cáucaso y participaban en gran medida en los asuntos de las naciones de Europa del Este. En 1917, el Imperio ruso era gobernado por el zar Nicolás II, y abarcaba la moderna Polonia, Finlandia, Lituania, Letonia, Estonia y parte de Rumania.[182] Estremecido por la pesada carga de la Gran Guerra, el reinado del zar

---

[182] Servicio, R. El último de los zares: Nicolás II y la revolución rusa. 2017.

dinástico pronto llegaría a un abrupto final que provocaría conmoción en todo el mundo.

Habían pasado más de 50 años desde que la familia real abolió la servidumbre, un sistema económico no muy diferente al de la Gran Bretaña Normanda, en el que los trabajadores tenían derecho a vivir en la tierra del zar a cambio de proporcionar al estado una parte de cada cosecha. Todas las personas tenían derecho a ser dueños de sus propias tierras, pero poco había cambiado para las personas más pobres de Rusia, que aún no podían permitirse comprar sus propias propiedades. Permanecían atrapados en los contratos de alquiler y los precios fijados por los propietarios que podían decidir desalojar a familias enteras en cualquier momento. Los ideales del *Manifiesto Comunista*, un folleto político escrito por Friedrich Engels, un periodista alemán, y el periodista ruso Karl Marx no se lograron como se esperaba anteriormente.

Para un vasto imperio que había sido oprimido por las dinastías reales durante más de tres siglos, la luz tenue del comunismo tenía esperanzas para el pueblo más pobre de Rusia. Marx y Engels habían formulado una tesis política basada en el intercambio comunitario de todos los productos de la tierra dentro de cada nación, y en ese sistema, todas las personas eran iguales. El comunismo no tenía espacio para la realeza, la aristocracia o los regímenes gerenciales opresivos, propuso que los medios de producción (tierras agrícolas, herramientas, fábricas y similares) deberían estar en manos de los trabajadores.

Todavía sufriendo a principios del siglo XX, los agricultores y trabajadores de Rusia exigieron un cambio. Los trabajadores de las ciudades se habían declarado en huelga en 1905,[183] causando una escasez masiva de trabajadores que detuvo el sector manufacturero del imperio. El zar Nicolás II, tratando de apaciguar a los trabajadores más importantes de su nación, prometió crear un gobierno popular en el que todos pudieran elegir a sus representantes. Nicolás II ya

---

[183] Surh, G. 1905 En San Petersburgo: Trabajo, sociedad y revolución. 1989.

estaba en una situación muy precaria cuando aceptó participar en la Primera Guerra Mundial junto a Gran Bretaña, Francia y Serbia para defenderse de las represalias austriacas por la muerte del archiduque Fernando.

La guerra gravaba fuertemente a una población rusa inquieta que sentía que ir a la guerra era la razón final en una extensa lista de razones para rebelarse. En el último año de la Primera Guerra Mundial, los rusos se aglomeraron en las calles de San Petersburgo reclamando alimento. Trabajadores de la industria en huelga se unieron a ellos, exigiendo aumentos salariales para cubrir sus propios costes de vida. Los guardias imperiales dispararon y mataron a algunos de los manifestantes, pero finalmente se acobardaron ante el gran volumen de ciudadanos. El zar sabía que su tiempo había terminado, renunció al trono en Marzo de 1917, días después de que un grupo de ciudadanos ricos formara su propio gobierno provisional.[184] Sin embargo, la abdicación no era una opción suficientemente apropiada para los revolucionarios más extremos, que mantuvieron cautiva a la familia real y finalmente los asesinaron a todos.

Para el líder del partido político Vladimir Lenin y sus seguidores, sin embargo, el gobierno de la burguesía del país fue un poco mejor que la dictadura del zar. Reunió a miles de soldados, trabajadores y rusos necesitados para descender sobre el gobierno provisional en Noviembre del mismo año y pedir su disolución. El movimiento fue exitoso. Sin perder ni una sola vida, los bolcheviques de Lenin estaban facultados para organizar el antiguo Imperio Ruso en una nueva nación comunista. Vladimir Lenin mismo era el líder del gobierno popular, pero se negó a tomar cualquier título imperialista para colocarse por encima de cualquier otro miembro del gobierno o de la ciudadanía.

---

[184] Figes, Orlando. "Del zar a la URSS". Revista National Geographic History. 25 October 2017.

Lenin retiró a las tropas rusas de la guerra, pero llegaron a casa solo para encontrar a Rusia en un estado de guerra civil. El Ejército Rojo, forjado por el recién establecido Partido Comunista Ruso de Lenin, se enfrentó a una coalición mixta de monárquicos, reformistas democráticos y capitalistas burgueses. Las medidas que Lenin tomó para empoderar a su Ejército Rojo tuvieron un efecto masivamente negativo en la economía del país en su totalidad, y mientras los soldados podían ser alimentados, decenas de miles de personas morían de hambre.

Ante las constantes amenazas de su oposición e incluso un intento de asesinato en 1919, Lenin estableció una fuerza de policía secreta llamada Cheka.[185] Estos oficiales ejecutaron a unas 100.000 personas a quienes consideraban enemigos del estado comunista, ganando efectivamente la guerra civil para Lenin.[186] Las luchas internas se detuvieron en 1922, y Lenin aprovechó la primera oportunidad para unirse con otras naciones europeas, Ucrania, Bielorrusia y Transcaucasia. Firmaron un tratado el 30 de Diciembre de ese mismo año, formando la Unión de Repúblicas Socialistas Soviéticas, más comúnmente conocida como la URSS.

El Imperio Ruso se convirtió oficialmente en la República Socialista Federativa Soviética de Rusia, y su propia capital, Moscú, sirvió como el lugar central de gobierno para toda la URSS. Cuando Vladimir Lenin murió en 1924, su cargo fue adquirido por Josef Stalin, un hombre cuyo régimen totalitario fue responsable de obligar a otras naciones a unirse al sindicato bajo amenaza, así como el asesinato masivo de cualquier ciudadano que hablara en su contra.[187] Su estricto gobiernoobservó una fuerte inversión en el sector industrial de Rusia que trajo riqueza y respeto a la nación en toda Europa y el resto del mundo.

---

[185] Leggett, G. *Leggett, G. La Checa: la policía política de Lenin*. 1981.
[186] "Razones para la victoria de los Rojos en la Guerra Civil". BBC Bitesize. Web.
[187] Conquista, R. Stalin: Triturador de naciones. 1993.

Desafortunadamente para los creyentes en la doctrina política original de Marx y Engels, ni los gobiernos ni las políticas de Lenin ni de Stalin reflejaron los establecidos en el *Manifiesto Comunista*. Sin embargo, el cuerpo preservado de Vladimir Lenin se muestra al público en la Plaza Roja de Moscú. Es una atracción popular para los rusos y otros ciudadanos internacionales que creen en lo que él defendió, por el derecho de todos los ciudadanos a compartir las ganancias y la riqueza que ayudan a crear a través del trabajo. Aunque los ideales de la Revolución Rusa fueron finalmente silenciados, el ascenso de Lenin al poder sobre la aristocracia brindó esperanza a los trabajadores y reformistas oprimidos en toda Europa y tan lejos como las Américas.

Capítulo 25 - Segunda Guerra Mundial

Solo el Judío sabía que, mediante un uso capaz y persistente de la propaganda, el cielo mismo puede presentarse a la gente como si fuera el infierno y, viceversa, el tipo de vida más miserable puede presentarse como si fuera el paraíso. El Judío lo sabía y actuó en consecuencia. Pero el alemán, o más bien su gobierno, no tenía la más mínima sospecha. Durante la guerra, la mayor de las penas tuvo que pagarse por esa ignorancia.

(Adolf Hitler, Mein Kampf)

Extremadamente patrióticos y decepcionados por el resultado de la guerra, los alemanes sufrían intensamente de hambre extendida. Comenzaron los disturbios el 29 de Octubre de 1918 y no se detuvieron hasta que el Kaiser Wilhelm II entregó su corona.[188] Abdicó el 9 de Noviembre, dos días antes del alto al fuego. En cuanto a Serbia, se unió a Montenegro y otros grupos de serbios y croatas desplazados políticamente, formando finalmente el reino de Yugoslavia.

---

[188] Griffin, Brett. *La República de Weimar y el ascenso del fascismo.* 2017.

En un discurso pronunciado por el mariscal de campo alemán Paul Hindenburg el día después del armisticio en Noviembre de 1918, se le indicó al pueblo alemán: "Han evitado que el enemigo cruce nuestras fronteras y han salvado a su país de las miserias y desastres de la guerra... Hemos puesto fin a la lucha con orgullo y con la cabeza en alto donde hemos estado durante cuatro años frente a un mundo lleno de enemigos".[189] A pesar de las palabras patrióticas y positivas, los alemanes sintieron que habían sido traicionados por sus políticos. Trabajaron duro para restablecerse como una república autónoma e instalaron al primer presidente de Alemania, Paul Hindenburg, en Febrero de 1919. Dado que los acuerdos y negociaciones se hicieron en la ciudad de Weimar, el nombre no oficial para la nueva entidad política era La República de Weimar. Hindenburg firmó el Tratado de Versalles, acordando la paz junto con aquellas naciones que habían sido sus aliados y enemigos en la guerra.

El mismo año que Hindenburg tomó el poder, un veterano de guerra alemán llamado Adolf Hitler se unió al Partido de los Trabajadores alemanes y comenzó a compartir sus ideas de una nación purificada. Hitler creía que Alemania debía expandir su territorio por la fuerza, frenar la inmigración y deshacerse del pueblo judío, y muchos miembros del partido estaban de acuerdo con él. En 1920, el grupo pasó a llamarse Partido Nacional Socialista de los Trabajadores Alemanes, probablemente para atraer a más miembros en un momento en que las ideas socialistas atraían a la clase trabajadora del país.[190] Bajo el liderazgo de Hitler, el partido, cuyas iniciales alemanas formaban la palabra NAZI, apoyó el abandono del Tratado de Versalles y rechazó la autoridad de la nueva República de Weimer.

Hitler se convirtió en el líder del partido nazi en 1921, y dos años después, dirigió el grupo en el Putsch de Múnich, una medida para

---

[189] Martin, Kitchen. "La experiencia del frente alemán". *BBC*. Web. 3 October 2011.
[190] "Adolf Hitler". Enciclopedia del Holocausto. Web.

derrocar al gobierno electo y establecer a Alemania como un país de ciudadanía basada en la raza.[191] Los nazis de Hitler marcharon hacia Berlín pero no lograron llevar a cabo su plan. Nueve hombres, incluido Adolf Hitler, fueron encarcelados por los papeles que desempeñaron en el intento de revolución. Aunque fue sentenciado a cinco años de prisión, Hitler cumplió solo ocho meses. Durante ese tiempo, escribió la primera parte de su infame manifiesto, *Mein Kampf* (Mi lucha).

El apoyo a Hitler y los nazis aumentó, y en 1932, el partido ganó el 37.3 por ciento de los votos, justo bajo la administración no partidista de Hindenburg. Hindenburg le otorgó a Hitler la cancillería de la República en 1933, otorgando a su antiguo rival político el asiento de poder más alto en el país detrás de sí mismo.[192] Probablemente creyendo que esta era la mejor manera de apaciguar a los votantes nazis y de poder vigilar de cerca a Hitler, Hindenburg pudo haber frenado el comportamiento radical de su canciller, excepto que murió el siguiente año. Hitler abolió la presidencia y reclamó el pleno poder político y militar de Alemania para sí mismo, bajo el título de Führer.

Los años siguientes de la dictadura presenciaron firmar a Hitler acuerdos con el italiano Mussolini y el emperador japonés Hirohito con el propósito de establecer una alianza anticomunista.[193] Incluso negoció un acuerdo naval con Gran Bretaña que permitía a Alemania mantener una gran armada en funcionamiento, un derecho que el Tratado de Versalles había negado. En la última parte de la década, el Führer comenzó planes secretos para comenzar la expansión del Reich alemán (reino alemán), comenzando con Austria. Había una fuerte presencia nazi en Austria que acogió con beneplácito la llegada de Hitler, pero cuando Hitler intentó presionar al canciller austríaco

---

[191] "Beer Hall Putsch (Munich Putsch.)" Enciclopedia del Holocausto. Web.

[192] Ibid.

[193] "Adolf Hitler Dictador de Alemania". Enciclopedia Británica. Web.

Kurt von Schuschnigg para que pusiera a esas personas en el gobierno austriaco, la propuesta fue rechazada.[194]

Hitler respondió invadiendo Austria en 1938 y anexándolo al Reich alemán.[195] Luego, tuvo como objetivo Checoslovaquia, usando sus contactos para incitar disturbios de alemanes dentro del reino extranjero para que pareciera que su intervención era absolutamente necesaria. El primer ministro de Gran Bretaña, Neville Chamberlain, intervino para ofrecer asistencia diplomática junto con Benito Mussolini, y apoyaron la anexión de los Sudetes. Sudetenland era una pequeña sección de Checoslovaquia en la que había aproximadamente tres millones de personas de ascendencia alemana, y una vez que se firmaron los documentos, Hitler aseguró a los líderes europeos que no deseaba expandir más el Reich.[196]

Era una mentira absoluta. Más tarde ese mismo año, Hitler se extendió por el resto de Checoslovaquia, posteriormente en Prusia y Praga. Con el objetivo puesto en Polonia, el Führer consideró sus opciones y firmó un pacto de no agresión de diez años con Joseph Stalin.[197] El 1 de Septiembre de 1939, Hitler invadió Polonia, entendiendo completamente que Gran Bretaña y Francia se le opondrían. Ambas naciones declararon la guerra a Alemania dos días después, y Europa volvió a estar en guerra consigo misma.

En 1940, Alemania tenía la ventaja en Bélgica, los Países Bajos y Francia, pero aún no había penetrado en Gran Bretaña, donde Winston Churchill acababa de ser elegido primer ministro. Francia se rindió a la ocupación nazi, pero los continuos ataques aéreos contra Gran Bretaña no lograron derrumbar la Real Fuerza Aérea. Frustrado en el oeste, Hitler se volvió hacia el este y atacó a la Unión Soviética sin prestar atención a su acuerdo de paz. Afortunadamente para la URSS, Stalin se había estado preparando para tal evento y

---

[194] Ibid.

[195] Ibid.

[196] "Acuerdo de Munich". Enciclopedia Británica. Web.

[197] "Pacto de no agresión germano-soviético". Enciclopedia Británica. Web.

probablemente firmó el acuerdo de no agresión para asegurarse de que tuviera tiempo para organizar su ejército. Italia se unió oficialmente a la guerra del lado de Alemania, y Mussolini comenzó invadiendo Egipto y la Somalia Británica.[198]

El año 1941 fue testigo del ataque a Pearl Harbor en Estados Unidos por parte del aliado de Alemania, Japón, que estimuló a los Estados Unidos a unirse a la guerra internacional.[199] En Stalingrado, las fuerzas alemanas fueron rechazadas con una fuerza sin precedentes, pero Hitler logró comenzar el asesinato en masa de ciudadanos judíos dentro de Alemania y países anexos. En los campos de concentración, como el de Auschwitz, Polonia, se encarceló a una mezcla diversa de personas. Estos incluían a la mayoría de los judíos, así como a homosexuales, gitanos, personas con discapacidad, comunistas, sindicalistas, testigos de Jehová, anarquistas, extranjeros y combatientes de la resistencia.[200] Estas víctimas y sus familias eran llevadas por miles a cada campo para ser sometidas a trabajos forzados. Pasaban hambre, eran golpeados y finalmente asesinados por disparos o gases venenosos a menos que la deshidratación, el hambre, el exceso de trabajo o la enfermedad los hubieran matado primero.

Italia logró anexar España, Libia, Croacia y Montenegro, pero los británicos los expulsaron de Egipto en una incursión de cinco días.[201] Grecia, ocupada por Italia desde antes del estallido de la guerra, también aprovechó la oportunidad para expulsar al Eje de su territorio. Las naciones aliadas de Francia, Gran Bretaña, Estados Unidos y la URSS ganaron poca tracción contra los nazis hasta 1944, cuando se unieron para invadir y liberar París y Francia. El mismo

---

[198] Reynoldson, Fiona y David Taylor. *El mundo del siglo XX.* 1998.

[199] Robinson, Bruce. "Segunda Guerra Mundial: Resumen de los acontecimientos clave". BBC. Web. 30 March 2011.

[200] Ridley, Louise. "Las víctimas olvidadas del Holocausto". The Huffington Post. 6 December 2017.

[201] Reynoldson, Fiona y David Taylor. *El mundo del siglo XX.* 1998.

año, las fuerzas estadounidenses liberaron Guam, que había sido invadido por Japón.

Los soviéticos empujaron con fuerza desde el este y fueron los primeros en llegar a los grandes campos de concentración de Hitler en Polonia para el verano de 1944.[202] Se encontraron por primera vez con el campamento de Majdanek en Julio y se atemorizaron al descubrir las cámaras de gas que quedaron atrás cuando los soldados nazis ya se habían retirado. El Eje había tratado de ocultar la evidencia del asesinato en masa incendiando el campamento, pero no tuvieron éxito. Las fuerzas soviéticas descubrieron instalaciones similares en una sucesión de campamentos abandonados, incluidos Belzec y Treblinka. En Enero de 1945, encontraron Auschwitz y liberaron a los 7.500 prisioneros que permanecían allí. En Abril, las fuerzas estadounidenses liberaron a 20.000 rehenes judíos del campo de Buchenwald en Alemania, los británicos liberaron a Bergen-Belson poco después y encontraron a 60.000 prisioneros.[203] Diez mil de ellos murieron a una semana de liberación debido al tifus, el hambre y otras enfermedades.[204] En total, 17 millones de personas fueron asesinadas en los campos de concentración, y 6 millones de ellas eran de fe judía.[205]

Benito Mussolini fue capturado y asesinado el 28 de Abril de 1945 por una fuerza de resistencia italiana decidida a liberar a su país del fascismo y la coerción nazi.[206] Los soviéticos llegaron a Berlín esa misma semana, y cuando Hitler se percató de que su aliado estaba muerto y no había escapatoria, se suicidó con una píldora de cianuro y un disparo en la cabeza el 30 de Abril.[207] Su compañera, Eva Braun,

---

[202] "Liberación de los campos nazis". Enciclopedia del Holocausto. Web.

[203] Ibid.

[204] Ibid.

[205] Enyia, Samuel O. *Liderazgo de servicio.* 2018.

[206] Haugen, Brenda. *Benito Mussolini: Dictador italiano fascista.* 2007.

[207] Layton, Donald. *Segunda Guerra Mundial: una perspectiva global.* 1998.

murió junto a él, después de haber ingerido una píldora de cianuro. El 7 de Mayo, Alemania se rindió oficialmente.

Sin embargo, Japón todavía estaba en acción e invadiendo activamente China, mientras que los aliados invadieron la isla japonesa de Iwo Jima. Los aliados discutieron la invasión de la parte continental de Japón, pero estaban preocupados por las bajas. El nuevo presidente estadounidense, Harry Truman, ofreció un plan diferente: una bomba nuclear. El 6 de Agosto, una de esas bombas cayó sobre Hiroshima, y, el 9, una segunda cayó sobre Nagasaki. La primera explosión mató al menos a 90.000 personas, mientras que la segunda mató al menos a 39.000.[208]

Japón se rindió el 15 de Agosto de 1945 y concluyó la Segunda Guerra Mundial. Se estima que en los combates murieron entre 50 y 80 millones de personas.[209]

---

[208] Rhoads, Sean y Brooke McCorkle. *Los monstruos verdes de Japón*. 2018.

[209] Robinson, Bruce. "Segunda Guerra Mundial: Resumen de los acontecimientos clave". BBC. Web. 30 March 2011.

Capítulo 26 - La Era de la Guerra Fría

La teoría de James Burnham ha sido muy discutida, pero pocas personas han considerado sus implicaciones ideológicas, es decir, el tipo de visión del mundo, el tipo de creencias y la estructura social que probablemente prevalecería en un estado que era a la vez inconquistable y en un estado permanente de "guerra fría" con sus vecinos.

(George Orwell)[210,211]

A raíz de la Segunda Guerra Mundial, Alemania se dividió en dos naciones: el oeste capitalista y el este comunista. Berlín se dividió por la mitad, y viajar entre ambos lados extremadamente nacionalistas era muy peligroso. Gran parte de Europa del Este permaneció bajo la creciente influencia de la Unión Soviética, incluida Alemania Oriental, mientras que las naciones occidentales miraban hacia Estados Unidos como una superpotencia emergente. Aunque habían sido aliados en ambas guerras, los Estados Unidos de América y la URSS desarrollaron una profunda desconfianza mutua que se

---

[210] "Tú y la bomba atómica". Tribuna. 19 October 1945.

[211] El artículo de George Orwell, que apareció por primera vez en el Tribune de Londres, fue el primero en usar el término "guerra fría".

convirtió en una disputa de varias décadas conocida como la Guerra Fría. Ambas naciones financiaron las pruebas nucleares y comenzaron a almacenar el tipo de armas que habían devastado a Japón en 1945.

Muchas naciones de Europa del Este que habían recibido ayuda de las fuerzas soviéticas durante ambas guerras se convencieron fácilmente de convertirse al estilo de comunismo de Rusia y unirse a la URSS. En los primeros años de paz, Bulgaria, Checoslovaquia, Hungría, Polonia y Rumania se unieron a Alemania Oriental en su alianza con la Unión Soviética. Estos, combinados con Ucrania, Estonia, Armenia, Azerbaiyán, Bielorrusia, Georgia, Moldavia, Letonia y los países asiáticos cercanos, formaron el denominado Telón de Acero.[212]

El Telón de Acero, un término utilizado para referirse al muro de los países socialistas europeos entre Rusia y Europa occidental, fue utilizado por primera vez por el primer ministro británico Winston Churchill en 1946.[213] El término no solo se refería a la separación política entre las naciones capitalistas, democráticas y comunistas, sino que también se refería al idealismo que representaban. En el lado oriental del Telón, los ciudadanos eran sometidos a propaganda comunista a través de las ondas de radio; en el lado occidental, se les invadía con propaganda anticomunista. *Radio Free Europe* intentaba proporcionar a sus oyentes orientales transmisiones de noticias occidentales, pero eran interrumpidos continuamente por emisoras de radio en el este.[214]

La reorganización política de Europa y sus propiedades coloniales en el Medio Oriente y África inspiraron al pueblo de Irlanda a exigir su propia independencia de Gran Bretaña. En 1948, la Ley de la República de Irlanda eliminó la mayor parte de la isla irlandesa del

---

[212] Pipes, Richard E. et al. "Unión Soviética, Estado Histórico, Eurasia". Enciclopedia Británica. Web.

[213] Ibid.

[214] Ibid.

control de la Commonwealth.[215] Para el lunes de Pascua del año siguiente, el acto estaba concluido. Una pequeña esquina del noreste permaneció dentro del gran reino británico, conocido como Irlanda del Norte. Dentro de esa pequeña porción de Irlanda continental, la mayoría de los protestantes y sindicalistas pro-británicos prefirieron mantenerse vinculados con la Iglesia de Inglaterra y el estado unificado.

Sin embargo, Irlanda del Norte todavía albergaba a nacionalistas, y estos se volvieron activos en el Ejército Republicano Irlandés (IRA). El IRA fue responsable de cientos de ataques terroristas dentro de Irlanda del Norte e Inglaterra con la esperanza de convencer a ambas entidades de eliminar a Irlanda del Norte de la Commonwealth. Como Gran Bretaña e Irlanda libraron su propia guerra a menor escala, también lo hizo el mundo occidental contra la Unión Soviética. No existieron batallas formales entre la URSS y Europa occidental o, el principal enemigo percibido de la URSS, los Estados Unidos de América, pero las dos partes ideológicamente divididas lograron trazar líneas de batalla en un sorprendente número de guerras por el poder entre 1945 y 1990.

La primera de estas guerras tuvo lugar en China y Grecia, y cada país sufrió una guerra civil entre grupos comunistas y republicanos no socialistas. En el primer caso, las fuerzas comunistas, apoyadas por la Unión Soviética en términos de organización política, experiencia militar y armas, fueron victoriosas en la creación de la República Popular de China.[216] Estados Unidos, después de haber ofrecido un apoyo similar a la República de China, fracasó en sus esfuerzos. Sin embargo, en Grecia, los partidos griegos anticomunistas y estadounidenses ganaron la guerra, que culminó con una pérdida para los partidos respaldados por los soviéticos. Ambos países se enfrentaron estratégicamente entre sí de esta manera más de 70 veces

---

[215] "Sorpresa de pasar del estado de Estado Libre a una república independiente". Irish Times. 5 de abril de 1999.

[216] Chang, H.H. Chang. *Chiang Kai Shek - El hombre del destino de Asia*. 2007.

durante la Guerra Fría. La mayoría de los combates tuvieron lugar fuera de América del Norte y Europa, en países como Corea, Vietnam y Filipinas.

La lucha por la supremacía ideológica no solo se manifestó en los campos de batalla de las naciones extranjeras. También cambió la forma en que la Unión Soviética y los Estados Unidos priorizaron proyectos nacionales, como el desarrollo de la tecnología de la era espacial. La Carrera Espacial fue el nombre que se le otorgó a la competencia no oficial entre los gobiernos estadounidense y soviético para financiar el equipo de exploración espacial más avanzado y exitoso. Los resultados fueron satisfactorios, a pesar de la tensión subyacente que transmitían los ciudadanos, los medios de comunicación y los compromisos militares.

Gran parte de la tecnología utilizada al comienzo de la Carrera Espacial había sido desarrollada para su uso en cohetes durante la Segunda Guerra Mundial, y ambas partes tenían una gran cantidad de información para construir una base para esa ciencia en crecimiento. El espionaje entre soviéticos y estadounidenses también estuvo presente en el intercambio de esta información, en parte gracias a los espías británicos del Cambridge Five alineado en secreto soviético. El 4 de Octubre de 1957, los soviéticos lanzaron el primer satélite, el Sputnik, al espacio. [217] Al año siguiente, tras un lanzamiento fallido de satélites en 1957, Estados Unidos colocó el Explorer 1 en órbita.[218] Tenía un sistema de comunicaciones rudimentario adjunto donde los datos se podían recopilar y recuperar. Ese mismo año, se fundó la organización de la Administración Nacional de Aeronáutica y del Espacio, más conocida como NASA. A través de la NASA, Estados Unidos se adelantó a su rival y comenzó a planificar una misión tripulada al espacio exterior mientras lanzaba simultáneamente un satélite espía. La Unión Soviética hizo retroceder y lanzó al primer

---

[217] Crompton, Samuel Willard. *Sputnik / Explorer I: La carrera para conquistar el espacio.* 2007.

[218] Ibid.

hombre al espacio, Yuri Gagarin, el 12 de Abril de 1961. De vuelta en la capital alemana, se construyó el Muro de Berlín, lo que solidificó aún más la delimitación entre Occidente y Oriente.[219] El presidente de los Estados Unidos, John Fitzgerald Kennedy, visitó Berlín Occidental en 1963 e hizo un discurso apasionado a las multitudes, declarando que Berlín (aparentemente Berlín Occidental en particular) sería una ciudad de hombres libres.

> Hace dos mil años, la ostentación más orgullosa era civis romanus sum ["Soy un ciudadano romano"]. Hoy, en el mundo de la libertad, la ostentación más orgullosa es "Ich bin ein Berliner!"[220]

Para 1966, los soviéticos habían construido una nave que orbitaba la luna y aterrizaba allí. El objetivo final (aterrizar personas de forma segura en la luna) fue alcanzado por primera vez por la NASA en 1969 cuando la misión Apolo 11 aterrizó y regresó a casa con los tres astronautas intactos. A lo largo de los años setenta y ochenta, más países se unieron a los esfuerzos para desarrollar tecnología espacial y dejar sus propias marcas en la industria. Canadá, Francia, Gran Bretaña, China y Japón fueron los primeros en hacerlo, y en 1975 se formó la Agencia Espacial Europea.[221]

Las tensiones de la Guerra Fría se enfriaron en cierto modo durante la década de 1970 y se reavivaron en la década de 1980 hasta que la administración de un nuevo líder soviético lo cambió todo: Mikhail Gorbachov. Gorbachov hizo esfuerzos concertados para reestructurar la Unión Soviética en un sistema de gobierno más justo, y liberó a los estados miembros europeos cuyos propios sistemas políticos estaban bajo una intensa presión como para cambiar. El Telón de Acero cayó metafóricamente, y bajo la extrema presión de los alemanes del este que se negaron a cruzar de nuevo a Alemania

---

[219] Schwartz, Harold. *Puesto avanzado de Berlín*. 2010.

[220] John F. Kennedy citado por Gavin Esler. *Lecciones desde el principio*. 2012.

[221] Cogen, Marc. *Una introducción a las organizaciones intergubernamentales europeas*. 2015.

del Este, Gorbachov permitió que la red de comunismo alrededor de su país se desintegrara. El 9 de Noviembre de 1989, se anunciaron nuevas regulaciones en Berlín que permitían viajar a través del muro hacia y desde ambos lados.[222]

El anuncio apareció en las noticias en repetidas ocasiones esa misma noche en Alemania Oriental y Occidental. Las personas de ambos lados comenzaron a escalar la Puerta de Brandenburgo a las pocas horas de aprender las nuevas regulaciones.[223] Con cantidades de guardias en ambos lados, las olas de alemanes unificados inundaron el muro y comenzaron a derrumbarlo. Pronto, las excavadoras llegaron para destruir la línea divisoria y comenzar el viaje de regreso a la unificación. A la medianoche del 3 de Octubre de 1990, Alemania Oriental se disolvió formalmente y sus ciudadanos fueron recibidos nuevamente en la República Federal unificada de Alemania.[224] Tras la disolución de la Unión Soviética, un poco más de un año después, en 1991, la Guerra Fría finalmente terminó.

---

[222] Sebetsyen, Victor. *Revolución 1989: La caída del imperio soviético.* 2009.

[223] Manghani, Sunil. *Crítica de la imagen y la caída del muro de Berlín.* 2008.

[224] Sauvain, Philip. Temas clave del siglo XX. 1996.

Epílogo

Cuando Europa entró en la segunda mitad del siglo XX, muchas de sus naciones decidieron trabajar hacia una unidad más fuerte en todo el continente. En los años inmediatamente posteriores al final de la Segunda Guerra Mundial, las mentes políticas de Europa trabajaron juntas para comenzar la coalición que se convertiría en la Unión Europea. Seis países fundaron el grupo: Bélgica, los Países Bajos, Luxemburgo, Francia, Alemania Occidental e Italia. Con la reunificación de Alemania, el impulso para ser miembro de la UE se convirtió en una prioridad para gran parte de Europa, incluidos los antiguos países soviéticos. A partir de 2019, la Unión Europea tiene 28 estados miembros, aunque el Reino Unido se encuentra actualmente en una negociación de retirada.

La guerra no ha cesado de ninguna manera en Europa después de los horrores de las Guerras Mundiales o de la multitud de guerras civiles que continuaron, aunque no ha estado a la altura de la devastación de esos conflictos. La Europa actual es una tierra de vasta historia cultural y avance tecnológico que existe a la par. Las diversas comunidades del continente no han olvidado las historias de sus antepasados, ni han ignorado las lecciones de su violento pasado. A medida que Europa continúa avanzando en el siglo XXI, sigue siendo un modelo de conocimiento y humildad para el resto del mundo.

Vea más libros escritos por Captivating History

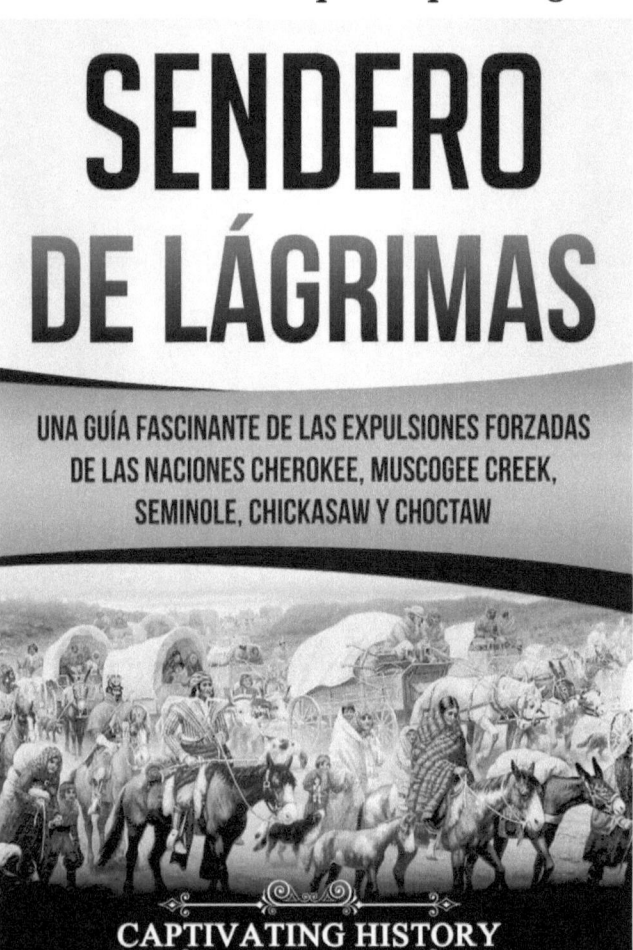

www.ingramcontent.com/pod-product-compliance
Lightning Source LLC
LaVergne TN
LVHW041639060526
838200LV00040B/1635